Hermann Weinhauer

AF670946

Landser im Weltkrieg 2

Das Afrika Korps unter Erwin Rommel – Von Bir

Hacheim bis El Alamein

EK-2 Militär

Über die Reihe
Landser im Weltkrieg

Jeder Band dieser Romanreihe erzählt eine fiktionale Geschichte, die vor dem Hintergrund realer Ereignisse und Schlachten im Zweiten Weltkrieg spielt. Im Zentrum der Geschichte steht das Schicksal deutscher Soldaten.

Wir lehnen Krieg und Gewalt ab. Kriege im Allgemeinen und der Zweite Weltkrieg im Besonderen haben unsägliches Leid über Millionen von Menschen gebracht.

Deutsche Soldaten beteiligten sich im Zweiten Weltkrieg an fürchterlichen Verbrechen. Deutsche Soldaten waren aber auch Opfer und Leittragende dieses Konfliktes. Längst nicht jeder ist als glühender Nationalsozialist und Anhänger des Hitler-Regimes in den Kampf gezogen - im Gegenteil hätten Millionen von Deutschen gerne auf die Entbehrungen, den Hunger, die Angst und die seelischen und körperlichen Wunden verzichtet. Sie wünschten sich ein »normales« Leben, einen zivilen Beruf, eine Familie, statt an den Kriegsfronten ums Überleben kämpfen zu müssen. Die Grenzerfahrung des Krieges war für die Erlebnisgeneration epochal und letztlich zog die Mehrheit ihre Motivation aus dem Glauben, durch ihren Einsatz Freunde, Familie und Heimat zu schützen.

Prof. Dr. Sönke Neitzel bescheinigt den deutschen Streitkräften in seinem Buch »Deutsche Krieger« einen bemerkenswerten Zusammenhalt, der bis zum Untergang 1945 weitgehend aufrechterhalten werden konnte. Anhänger des Regimes als auch politisch Indifferente und Gegner der

NS-Politik wurden im Kampf zu Schicksalsgemeinschaften zusammengeschweißt.

Genau diese Schicksalsgemeinschaften nimmt »Landser im Weltkrieg« in den Blick.

Bei den Romanen aus dieser Reihe handelt es sich um gut recherchierte Werke der Unterhaltungsliteratur, mit denen wir uns der Lebenswirklichkeit des Landsers an der Front annähern. Auf diese Weise gelingt es uns hoffentlich, die Weltkriegsgeneration besser zu verstehen und aus ihren Fehlern, aber auch aus ihrer Erfahrung zu lernen.

Nun wünschen wir Ihnen viel Lesevergnügen mit dem vorliegenden Werk.

Ihre Zufriedenheit ist unser Ziel!

Liebe Leser, liebe Leserinnen,

zunächst möchten wir uns herzlich bei Ihnen dafür bedanken, dass Sie dieses Buch erworben haben. Wir sind ein kleines Familienunternehmen aus Duisburg und freuen uns riesig über jeden einzelnen Verkauf!

Unser wichtigstes Anliegen ist es, Ihnen ein angenehmes Leseerlebnis zu bieten.

Damit uns dies gelingt, sind wir sehr an Ihrer Meinung interessiert. Haben Sie Anregungen für uns? Verbesserungsvorschläge? Kritik?

Schreiben Sie uns gerne: info@ek2-publishing.com

Nun wünschen wir Ihnen ein angenehmes Leseerlebnis!

Heiko und Jill von EK-2 Militär

Das Afrikakorps unter Erwin Rommel

Die glühenden Strahlen der Sonne zerschneiden die Luft über dem Flugplatz von Derna. Fern am Horizont hebt sich der Dschebel-el-Akhdar, ein toter, brauner Tafelberg, verschwommen vom Himmel ab. Zerschossene Panzer, Flugzeuge und anderes Kriegsgerät liegen herum. Es sind stille Zeugen erbitterter Kämpfe. Verteilt am Platzrand sind mehrere 2 cm Flugabwehrgeschütze zu finden. Weiter vom Rollfeld entfernt, sind einige schwere Flak-Batterien aufgestellt.

Trotz der brütenden Hitze herrscht in der Flugplatz-Kommandantur reges Treiben. Die Flugplatzleitung erwartet eine große Anzahl von Ju-52 Transportflugzeugen mit Ersatz für die arg zusammengeschrumpften Verbände des Deutschen Afrikakorps. Insgesamt sollen es heute 700 Mann sein, die von Kreta aus herübergeflogen werden.

Schon donnert die erste Gruppe Junkers Transportmaschinen heran. Um eventuell auftauchenden Feindjägern nach Möglichkeiten zu entgehen, fliegen die Transporter sehr niedrig über dem Wasser des Mittelmeers. In der gleichen Höhe, es sind ungefähr zehn Meter, steuern sie auch den Flugplatz an, um zu landen.

Wenige Minuten später setzen die ersten Maschinen auf und rollen aus. Wolken rötlichen Staubes wirbeln nun hoch. Die ohnehin trübe Sicht wird dadurch noch mehr verschlechtert.

Die zweite Gruppe der langsam fliegenden Jus landet und man sieht bereits, dass die dritte Gruppe anfliegt. Weiter draußen auf See kurvt bereits eine vierte Gruppe ein.

In der Tiefe des Gebrummes der zahlreichen BMW 132-Motoren mischt sich plötzlich ein anderes Motorengeräusch. Die leichte Flak beginnt aus allen Rohren zu feuern.

Schon fallen die ersten Bomben - englische Splitterbomben - mitten zwischen die gelandeten, ausrollenden und zur Landung ansetzenden Flugzeuge.

Britische Jagdbomber vom Typ Hawker Hurricane, wahrscheinlich aus Malta kommend, rasen über den Flugplatz. Sie kurven ein und kommen zurück. Mit ihren Bordwaffen wollen sie nun vollenden, was sie mit den Splitterbomben begonnen hatten.

Es herrscht schnell ein heilloses Durcheinander. Die Junkers Transportflugzeuge starten wieder, kaum dass der letzte Soldat aus den Maschinen herausgesprungen ist. Das Gepäck bleibt größtenteils in den Jus. Das Rollfeld ist flach wie ein Brett und die Landser suchen verzweifelt nach Deckungsmöglichkeiten.

Einige Feindflugzeuge werden von der 2 cm-Flak getroffen. Sie trudeln mit schwarzen Rauchfahnen zur Erde und stürzen ins Meer.

Nun schießen einige Messerschmitt Jäger heran und schnell entbrennt ein wilder Luftkampf.

Doch die Soldaten am Boden haben kaum ein Auge für die wüste Kurbelei, die sich am Himmel abspielt.

Unteroffizier Siegfried Krüger steckt der Schrecken noch in den Knochen, als er sich daranmacht die Männer seiner Gruppe zusammenzusuchen. Er hat noch Glück im Unglück gehabt, denn er saß mit seinen Leuten in den zuerst gelandeten Transportern. Daher waren die Pioniere zumindest nicht mehr in unmittelbarer Nähe der fallenden Bomben.

Siegfried Krüger nimmt einen Zettel aus seiner Feldbluse und entfaltet ihn. Auf diesem stehen die Namen seiner Untergebenen und er beginnt sie nacheinander aufzurufen.

„Gefreiter Spielmann!"

„Hier!“

„Gefreiter Villwock!“

„Hier!“

So geht es weiter. Alle sind da, alle unversehrt. Nur einer fehlt. Das Küken der Einheit, der Pionier Putze fehlt! Sofort beginnen die Männer ihn zu suchen.

Schließlich finden die Kameraden seinen Rucksack. Er hat ihn wohl verloren, als er versucht hat sich vor den Bomben in Sicherheit zu bringen. Die Männer um Unteroffizier Krüger, die noch einmal davon gekommen sind, befürchten schon das Schlimmste. Nach bangen Minuten bekommen sie Gewissheit. Sie finden ihren Jüngsten halb verschüttet am Rand eines Bombentrichters. So wie er aussieht, muss er sofort tot gewesen sein.

Wortlos ihre Feldmützen in der Hand haltend, nehmen die Pioniere Abschied von ihrem so plötzlich aus ihrer Mitte gerissenen Kameraden. Er ist der erste Gefallene ihrer Einheit im Afrikaeinsatz, kaum dass sie auf afrikanischem Boden gelandet sind.

Die Bilanz des feindlichen Luftangriffs offenbart schwerwiegende Verluste. Es wurden elf Flugzeuge verschiedener Typen zerstört und annähernd 100 Soldaten getötet oder verwundet.

„Verdammte Splitterbomben“, knurrt Unteroffizier Krüger. „Wer die erfunden hat, der sollte selbst daran zugrunde gehen.“

„Geht rüber zu den Fahrzeugen“, weist sie ein braungebrannter Oberleutnant ein. „Ihr kommt zunächst zur Leitstelle und von dort zu Euren neuen Einheiten.“

„Sachen nehmen und folgen!“, befiehlt Unteroffizier Krüger anschließend seiner Gruppe.

Immer noch unter dem Eindruck des vergangenen Luftangriffs stehend, trotten die Landser hinter ihm her. Für die jungen Soldaten, die frisch von den Ersatztruppenteilen kommen, ist es ein denkbar schlechter Einstieg in das Soldatendasein.

Gleich hinter den haltenden Kolonnen unter einer Palmengruppe entdeckt der Gefreite Spielmann, außer Krüger der einzige Soldat mit Fronterfahrung unter den Neuankömmlingen, einen von zwei italienischen Soldaten bewachten Ziehbrunnen. Die Zisterne enthält sauberes, kühles Trinkwasser. Sofort füllen sich die durstigen Männer ihre Feldflaschen und genießen das kostbare Nass in vollen Zügen.

„Langt nur kräftig zu", rät ihnen ein bärtiger Kraftfahrer. „So schnell werdet Ihr das nicht mehr bekommen. Derna ist das Wasserreservoir der Marmarika."

„Los! Aufsitzen!", befiehlt Unteroffizier Krüger seinen Pionieren.

Als der letzte Mann der Gruppe auf dem offenen AEC Matador ist, schwingt sich Krüger auf den Vordersitz neben den Fahrer.

„Na, das ist aber ein ziemlich hochbeiniger Bock", stellt Krüger fest.

„Aber prima ist er. Zuverlässig und geländegängig", erklärt der Obergefreite am Steuer. „Englisches Beutefahrzeug. In der Wüste bei Mechilli habe ich ihn mir selbst geschnappt. Zuerst hatte ich einen deutschen Mercedes Benz L3000. Die sind aber hier in der Wüste überhaupt nichts. Ich saß damals andauernd mit dem Karren fest. Aber der Tommy hier", zur Bekräftigung seiner Worte klopft er auf das große Lenkrad, „hat mich bisher noch nie im Stich gelassen."

Unteroffizier Siegfried Krüger glaubt dem anscheinend erfahrenen Afrikaner aufs Wort und nickt zustimmend.

„So, wir sind am Ziel“, sagt der Kraftfahrer und lässt seinen englischen Beutewagen ausrollen.

Vor langen Wellblechbaracken stehen die Abholkommandos zum Empfang der Neuen bereit. Die Einheiten sind auf Schildern, die an langen Stangen hochgehalten werden, vermerkt.

Unteroffizier Krüger schaut von einer Papptafel zur anderen. Schließlich hat er gefunden, wonach er gesucht hat.

Pionierbataillon 900 steht in großer, deutlicher Schrift auf einem schwarzen Brett.

Nun geht der Gruppenführer auf einen braungebrannten, jungen Leutnant zu. Es ist der Führer des Abholkommandos.

„Ein Unteroffizier und elf Mann vom Pionier-Ersatz-Bataillon 68 zur Stelle“, meldet Krüger.

„Willkommen in Afrika“, sagt der Leutnant und streckt dem Unteroffizier zur Begrüßung die sehnige Hand hin.

Krüger ergreift die dargebotene Rechte.

„Sind Sie vollzählig?“, fragt nun der Pionieroffizier.

„Leider nein“, antwortet der Unteroffizier bedrückt. „Bei dem Tieffliegerangriff vorhin habe ich einen Mann verloren. Er ist tot. Das Bestattungskommando hat ihn gleich übernommen.“

„Ja, das war mal wieder ein harter Schlag, den die Engländer uns da versetzt haben“, meint der junge Offizier.

„Hier sind meine Marschpapiere, Herr Leutnant“, bemerkt Unteroffizier Krüger, nachdem er die Unterlagen aus der Brusttasche seiner Feldbluse geholt hat.

„Ja, danke!“

Der braungebrannte, nur mit einer beigefarbenen, kurzen Hose und einem gleichfarbigen Hemd bekleidete Pionieroffizier steckt die ihm überreichten Unterlagen nach kurzer Durchsicht in eine Tasche aus Kamelleder.

„Da drüben stehen übrigens unsere Fahrzeuge", sagt der Leutnant. „Lassen Sie Ihr Gepäck schon mal verladen. Ich muss noch auf die anderen Gruppen warten, die unserem Bataillon zugeteilt sind. Hoffentlich waren bei denen die Ausfälle nicht höher, als bei Ihnen, Krüger."

Nachdem schließlich alle Formalitäten der Übernahme des Ersatzes erledigt sind, setzen sich die Fahrzeuge des Pionierbataillons in Bewegung. Für die blassgesichtigen Soldaten aus Küstrin beginnt die erste Fahrt durch fremdes, unbekanntes Land.

Bald werden die ersten steilen Serpentinen des Dschebel genommen. Immer weiter windet sich die Via Balbia, die von den Italienern erbaute und erst im letzten Friedensjahr fertig gestellte Küstenstraße, dem Gipfelpunkt entgegen. Der Dschebel ist, wie alle Erhebungen hier im Land, eine öde, tote Felsmassierung ohne die geringste Spur von Vegetation. Jeder Ansatz von Leben wird durch die glutheiße Sonne und den ständigen Sand vor sich hertreibenden Wind sofort im Keim erstickt. Das sich zur Linken tief unten ausbreitende Meer ist in der flirrenden Hitze auch keineswegs eine schöne, blaue Augenweide. Es wirkt vielmehr grau, hässlich, ohne jeden belebenden Farbton.

Nachdem die Höhe bezwungen ist, geht es in einer steilen Kehre abwärts in Richtung der Bucht von Bomba. Als sie zur Ebene kommen, ist es gleich wieder freundlicher. Es gibt Palmenhaine, Weingärten und große Olivenfelder, die in der Sonne silbern schimmern.

Nicht weit entfernt von Bomba und noch in den zerklüfteten Ausläufern des Dschebel hat das Pionierbataillon 900 seine Zelte aufgeschlagen. Die Pioniere haben zusätzlich Schutzmauern gezogen und Deckungslöcher in den felsigen Boden gehackt und gesprengt.

Unteroffizier Siegfried Krüger kommt mit seiner Gruppe geschlossen zur 1. Kompanie.

„Das ist ja fein, dass wir zusammenbleiben können, Herr Unteroffizier", schnauft der etwas fülligere Pionier Christian Hädicke, der in der brütenden Hitze besonders leidet.

„Ja, das hat wirklich gut geklappt", pflichtet ihm Krüger bei. „Nun dürft Ihr mir in der Kompanie aber auch keine Schande machen. Ich habe Euch in Küstrin immerhin ausgebildet. Aber nun antreten! Wir werden uns jetzt beim Chef melden."

Einer von den Altgedienten führt die Neuankömmlinge zur Zeltunterkunft des Kompaniechefs. Auf dem Weg dorthin trägt der heiße Wind ein unheilvolles Geknatter aus der Ferne zu ihnen herüber. Die Neulinge horchen auf. Sind es nur Vorpostengeplänkel oder die Tätigkeit eines Stoßtrupps? Vielleicht auch etwas Schlimmeres?

„Sie werden die Geräusche der Front noch zu unterscheiden lernen", denkt sich Unteroffizier Krüger, dem die verunsicherten Gesichtsausdrücke seiner Männer auffallen.

Der Gefreite, der die neuen Kameraden zum Kompaniechef bringt, schiebt eine Wand aus Glasperlenschnüren, die als Fliegen- und Mückenschutz dient, zur Seite.

Dann ruft er in das Innere der Unterkunft hinein: „Herr Oberleutnant, der Ersatz aus Deutschland ist hier! "

„Sollen nur reinkommen", fordert eine sympathische Stimme im Hintergrund.

Unteroffizier Krüger schiebt sich durch die Lichtschleuse in das Zelt hinein. Seine Männer folgen. Der nicht sehr große und jetzt, da die Dämmerung hereinbricht, elektrisch beleuchtete Raum ist brechend voll. Krüger, der Gruppenführer, erstattet Meldung und nennt seinen sowie seiner Männer Namen.

„Ich heiße Urban", sagt der Kompaniechef freundlich. „Sie kommen also frisch aus Küstrin?", fragt er, wobei er die Neuen einen nach dem anderen kritisch beäugt.

„Jawohl, Herr Oberleutnant", erwidert Unteroffizier Krüger als Wortführer. „Nach der Ausbildung beim Pionier-Ersatzbataillon ist die Gruppe auf Tropentauglichkeit untersucht und anschließend entsprechend eingekleidet worden. Dann wurden wir in Dresden mit Kameraden anderer Einheiten zu einer zahlenmäßig starken Marschformation zusammengestellt. Nun waren wir circa 700 Mann und wurden mit der Bahn verlegt. Der Bahntransportführer war ein Hauptmann Kieler. Nach drei Tagen und Nächten erreichten wir Italien. Dort verblieben wir fünf Tage. Nach dieser Wartezeit wurden wir in Savoya-Maschinen der Italiener nach Kreta geflogen. Von da hat man uns heute in Junkers-Transportern nach Derna geflogen."

„Na, da haben Sie ja eine ganz schöne Reise hinter sich – dazu noch der Tieffliegerangriff auf dem Flugplatz. Ich glaube, das reicht Ihnen zunächst", kommentiert der Oberleutnant die Erklärung des Unteroffiziers.

Siegfried Krüger und die Pioniere nicken wortlos. Der Tod ihres Kameraden Putze belastet sie doch sehr.

„Bei uns in der Kompanie", beginnt Urban wieder, „werden Sie sich im Augenblick zwar vorkommen wie in einem Sanatorium, aber wer weiß, was sich in Kürze alles tun wird. An der jetzigen Front zwischen El Gazala und Bir Hacheim rührt sich schon wieder allerhand. Ich glaube, General Rommel wird bald wieder angreifen.

Alle Anzeichen deuten darauf hin. Dann ist es mit unserer derzeitigen ruhigen Kugel auch wieder vorbei."

Nach einer recht kühlen Nacht, der ersten auf afrikanischem Boden, hat Unteroffizier Krüger Gelegenheit, sich näher im Gelände umzusehen. Es ist sicher nicht der schlechteste Winkel, den sich das Bataillon als Unterkunftsraum ausgesucht hat. Hier in einem Seitental des Dschebel lässt es sich leben. Das Lager ist gut getarnt und vor den gefürchteten Sandstürmen geschützt. An der tiefsten Stelle des Tals wächst sogar frisches Gras und sogar Blumen in einer Farbenpracht, wie es sie sonst nur in Hochregionen der Alpen zu finden gibt. Die Hänge sind mit schattenspendenden Agaven bewachsen. Mit deren großen, gummiartigen Trieben haben die Kameraden die Unterkünfte und Fahrzeuge abgedeckt.

Durch die auch hier vertretene Tierwelt, wie Wildtauben, emsigen Hummeln und herumflitzenden Feuersalamandern könnte man es für das Paradies auf Erden halten.

Diesen Eindruck strafen nur die Sandvipern, schwarzen Skorpione und natürlich der verdammte Krieg Lügen.

Immer wieder werden die Soldaten des Pionierbataillons daran erinnert, dass sie sich nicht auf einer fröhlichen Safari in Afrika befinden, sondern ein scheußliches und tödliches Handwerk zu verrichten haben.

Unteroffizier Krüger hebt ein wenig den Kopf, als weit draußen auf See schwere englische Schiffsgeschütze zu feuern beginnen. Wahrscheinlich will die Royal Navy die rückwärtigen deutsch-italienischen Verbindungen stören und vor allen Dingen die Küstenstraße, die Via Balbia unterbrechen.

Wie Oberleutnant Urban schon angedeutet hatte, war es mit der Idylle in der Bucht von Bomba bald zu Ende. Die Neuen hatten jedoch reichlich Gelegenheit, sich einzugewöhnen und zu akklimatisieren. Als Mitte Mai 1942 endlich zum Abmarsch geblasen wird, sind aus blassen Mitteleuropäern schon braune Afrikaner geworden. Nun jedoch steht ihnen ein Wüstenmarsch von 100 Kilometern bevor. Jetzt können sie zeigen, dass sie den alten Hasen in nichts nachstehen.

Die Gruppe Krüger gehört zum 1. Zug. Er wird von einem Oberfeldwebel namens Konrad Heinecken geführt. Er ist ein erfahrener, kampferprobter Haudegen und hat sich bereits einige Auszeichnungen erkämpft. Seine Sturmpioniere sind sozusagen Mädchen für alles. Sie legen und beseitigen Minen, sprengen Bunker, gehen mit Flammenwerfern gegen Befestigungen vor, bauen und entfernen Straßensperren und knacken feindliche Panzer. Sie haben sogar eine 3,7 cm Panzerabwehrkanone mit genügend Munition in ihrem Zug. Die dazugehörige Bedienungsmannschaft weiß damit hervorragend umzugehen. Was sie hier in Afrika jedoch nicht benötigen, das sind die mitgeführten Sturmboote. Hinter vorgehaltener Hand flüstert man jedoch: „Vielleicht benötigt man sie ja einmal beim Nil-Übergang.“

Im Rahmen des Bataillons und der Kompanie setzt sich auch der Pionierzug Heinecken in Bewegung, um General Rommels Befehlen nachzukommen. Ziel des Marsches ist die unwirtliche Gegend südwestlich des Wüstenforts Bir Hacheim.

Die Via Balbia nach Süden überquerend, arbeitet sich der Zug eine steile Höhe hinauf. Immer unwegsamer wird der Dschebel. Mühsam suchen sich die Fahrzeuge einen einigermaßen befahrbaren Weg zwischen Felsbrocken und losem Geröll. Der Zugführer fährt mit einem kleinen Volkswagen vor. Er hat es da schon leichter als die schweren Lkw. Diese ächzen, schwanken und stöhnen.

Endlich ist der Dschebel überwunden. Vor den Pionieren liegt die Wüste, die geheimnisvolle, weite Wüste. Die Piste, die das Bataillon nutzt, ist stellenweise 100 Meter breit und ab und an mit hohen Stangen gekennzeichnet. Unzählige, teilweise schon wieder verwehte Fahrspuren laufen nebeneinander. Schon haben die Landser mit einem argen Feind zu kämpfen – der allgegenwärtige Staub. Er durchdringt alles und ist überall.

Auf den sogenannten Rollbahnen liegt kein fester, körniger Sand, sondern loser, feingemahlener, rötlichgelber Staub. Er wirbelt hoch, ob man langsam oder schnell über ihn fährt. Er kommt einfach überall hin, unter Mundschutztücher, in Nasen, Ohren und schließlich sogar unter die eng anliegenden Staubbrillen. Auch muss man stets besorgt um die Waffen sein. Obwohl sie abgedeckt sind, dringt der feine Staub in die gleitenden Teile der Maschinenwaffen und er verstopft die Vergaser der Fahrzeuge. Die Fahrer müssen höllisch aufpassen, um nicht von der Kolonne abzukommen. Wie immer während solcher Märsche tragen die Soldaten hinter den Steuerrädern die Hauptlast. Von deren fahrtechnischem Können hängt alles ab.

Die traurigen Reste einer Wüstensiedlung tauchen auf. Ein Brunnen mit brackigem, ungenießbarem Wasser ist noch vorhanden. Winzige Kameldornbüsche und Halfagras, die Nahrung der Kamelkarawanen, wachsen hier. Einen besseren Rastplatz werden sie in greifbarer Nähe nicht finden.

Die Pioniere stehen im Windschatten ihrer Fahrzeuge und kauen trockenes Knäckebrot, das mit Altem Mann belegt ist. Es handelt sich um jenes Büchsenfleisch mit dem Aufdruck A.M., welches den täglichen Küchenplan der Afrikaner verunziert. Zwischendurch werden immer wieder die Feldflaschen mit lauwarmem Tee an den Mund geführt. Man kann trinken, trinken und nochmals trinken.

Heiß und erbarmungslos brennt die Sonne. Dabei wirbelt ein ewig glühend heißer Luftstrom den feinen, mehligen Staub hoch.

„Ist dieser Wind nun der vielzitierte Ghibli?“, fragt Unteroffizier Krüger den Zugführer.

Der mit Land und Leute bereits bestens vertraute Oberfeldwebel lacht kurz auf.

„Aber nein. Dieses kleine Lüftchen ist gar nichts. Der Ghibli bläst vom Süden aus der Wüste meist im Herbst und Winter. Aber daran hält er sich nicht immer. Es kann vorkommen, dass der Sandorkan mitten im Sommer den Tag zur Nacht macht und die trockene Hitze so stark wird, dass du kein Wort mehr raus bekommst. Aber tröste Dich, sogar die Eingeborenen fürchten den Ghibli.“

„Nun, da habe ich wieder etwas dazugelernt“, meint Krüger.

„Du wirst in diesem fremden Land noch sehr viele Dinge lernen müssen“, gibt Oberfeldwebel Heinecken trocken zurück.

Aufgestellte große Tonnen mitten in der Wüste dienen als Wegweiser. Dort sind in den letzten Stunden bereits viele Kolonnen vorbeigefahren. Sie alle fluten in den Bereitstellungsraum südwestlich von Bir Hacheim.

General Rommel plant von hier aus mit dem Deutschen Afrikakorps und dem motorisierten italienischen XX. Armeekorps in den Rücken des Gegners zu stoßen, der zwischen El Gazala und Bir Hacheim mit der Front nach Westen steht. Er will Überraschung und Verwirrung stiften und den Feind von hinten aufrollen.

Währenddessen soll das nur teilweise motorisierte italienische X. und XXI. Armeekorps die Stützpunkte der Engländer direkt angreifen.

Am 26. Mai täuscht Rommel einen Frontalangriff auf die El-Gazala-Stellung vor. Dann aber, in der Nacht vom 27. auf den 28. Mai 1942, beginnt der eigentliche deutsche Vorstoß südlich an Bir Hacheim vorbei.

Ausgedehnte Minenfelder, mit denen der Feind seine offene linke Flanke abgesichert hat, verzögern das Unternehmen jedoch so sehr, dass der Gegner Zeit findet, seine rückwärtigen Verbände zu ordnen und zur Abwehr des deutschen Angriffs bereitzustellen.

Die englischen Minengürtel müssen schleunigst geräumt werden. Zu diesem Zweck wird das Pionierbataillon 900 eingesetzt. Als die Soldaten mit ihrer gefährlichen Arbeit beginnen, warten vor allem Nachschubeinheiten darauf, der bereits weit vorgestoßenen Panzerspitze folgen zu können.

„Spielmann, du nimmst die eine Hälfte der Gruppe und ich die andere", befiehlt Unteroffizier Krüger. „So lange es noch hell ist, nehmen wir die elektrischen Suchgeräte und bei Nacht dann die Suchstäbe. Es muss sorgfältig gearbeitet werden. Wir dürfen keine einzige Mine übersehen. Ich nehme an, dass die Tommys ganze Arbeit geleistet haben werden und sowohl Panzer- als auch Schützenminen gelegt haben. Wir werden diese Teufelsdinger wohl auch aus verschiedenen Tiefen ausbuddeln müssen. Dabei kommt es natürlich auch auf die Bodenbeschaffenheit an. Die entschärften Minen werden gesammelt, so dass wir sie später vielleicht selbst wieder verwenden können. Das MG wird in der Nähe gehalten. Alles soweit verstanden?"

„Jawohl, alles klar!", erwidert der stellvertretende Gruppenführer Spielmann.

Zwei Minenfelder von jeweils 300 Metern Tiefe sind zu räumen. Bei der glutheißen Sonne und einer Temperatur von 50 Grad wirklich kein leichtes Unterfangen. Die Männer haben sich ihr khakifarbenes Uniformhemd vom Leib gezogen. Der Schweiß rinnt ihnen in Bächen vom Rücken.

Pionier Hädicke schwenkt das Suchgerät. Immer wieder macht sich der Summer bemerkbar, immer wieder leuchtet die Kontrolllampe auf.

„Dietmar, hier ist eine - und dort - und da!", ruft Hädicke seinem Freund Wiermann zu.

Dieser hat alle Hände voll zu tun. Minen aufnehmen, entschärfen, aufnehmen, entschärfen. Dabei kann der Mann nicht vorsichtig genug sein. Er muss bei seiner Tätigkeit äußerst behutsam zu Werke gehen, wenn er nicht aus Versehen eine der Tellerminen unter seinen Händen zur Explosion bringen will und damit fürchterliches Unheil anrichten würde.

Plötzliches Motorengeräusch lässt die Pioniere aufhorchen und nach oben zum Himmel schauen. In der diesigen Luft sehen sie zunächst nichts. Aber dann können sie kleine silberne Punkte heranrasen sehen.

„Volle Deckung!", schreit Krüger seinen Männern zu.

Nun sehen sie, dass es sich um britische Hurricanes handelt.

Die Bordwaffen der feindlichen Jagdbomber beginnen zu hämmern. Dicht neben den flachliegenden Landsern staubt es zahlreich auf. Glücklicherweise kommen sie jedoch noch mal glimpflich davon. Niemand wird verwundet.

„Tieffliegerangriff! Alles hört auf mein Kommando!“, ist die schneidende Stimme ihres Kompaniechefs zu hören.

Zwei der Jabos drehen ein und kommen zurück. Die Pioniere suchen sich eine einigermaßen sichere Deckung, ein fruchtloses Unterfangen in der flachen Wüste. Dann nehmen sie ihre Karabiner in Anschlag und zielen auf die Motorpartien der Feindmaschinen. Die Maschinengewehrschützen legen die Läufe ihrer Waffen auf die Schultern ihrer Kameraden und visieren ebenfalls die beiden Hawker Hurricane an.

„Feuer frei!“, befiehlt der Oberleutnant, als die Jagdbomber dicht neben der Kompanie mit gut 450 Kilometern pro Stunde vorbeizischen.

Die Soldaten halten vor und krümmen die Finger.

Viele Hunde sind manchmal des Hasen Tod - so auch hier. Es müssen mehrere Schüsse den Rolls Royce-Motor der führenden Maschine getroffen haben. Die Hurricane beginnt zu qualmen, zu torkeln und schließlich sehen die Landser, dass der Jagdbomber brennt. Weit hinten in der Wüste stürzt sie schließlich ab und die Pioniere sehen eine Rauchsäule zum Himmel steigen.

Sie können nicht erkennen, ob der Flugzeugführer aus seiner Maschine rausgekommen ist. Dafür ist das Wrack zu weit entfernt.

Die Pioniere wenden sich nun wieder ihrer eigentlichen Arbeit zu. Die frei geräumten Gassen in den Minenfeldern werden immer breiter.

Immer wieder stoßen Kampfeinheiten durch diese Gassen in die weite Wüste vor. Nachschubeinheiten folgen ihnen.

Endlich sind die Räumarbeiten beendet. Das Pionierbataillon geht in einem großen Wadi zur wohlverdienten Ruhe über.

Unteroffizier Krüger und seine Männer sinken todmüde auf die improvisierten Schlafgelegenheiten. Ein paar Zeltbahnen und die Fahrzeuge spenden dürftigen Schatten.

Mit dem Schlafen ist es aber nicht weit her. Es dauert nicht lange, bis ein Warnruf der Posten ertönt. Allerdings schafft es der Pionier Wiermann nicht, seine Kameraden sofort zu wecken. Sie sind einfach zu müde. So rüttelt er Unteroffizier Krüger heftig an der Schulter, so lange, bis dieser langsam die geröteten Augen öffnet.

Im selben Augenblick fährt aber der Gruppenführer erschrocken hoch und greift nach seiner Maschinenpistole. Ganz in seiner Nähe rasselt ein kleines Kettenfahrzeug vorbei. Es ist schnell, wendig und feuert ohne Unterlass aus einem Maschinengewehr.

„Verdammt! Was ist denn das?“, ruft der Pionier Hädicke erschrocken und wirft sich in den Wüstensand.

„Ein britischer Bren Carrier!“, ruft Krüger. „Wo kommt der denn her?“

„Das weiß der Teufel, aber den Geräuschen nach zu urteilen, kurven noch mindestens zwei weitere hier in der Gegend herum!“, durchschneidet die Stimme von Oberfeldwebel Heinecken das Geknatter der kleinen Kettenfahrzeuge.

Inzwischen ist das ganze Bataillon alarmiert. Die Pioniere feuern aus ihren Karabinern und den MG 34 auf die Briten. Die 3,7 cm Pak wird schussbereit gemacht und beginnt nun auch zu feuern. Dennoch haben die Pioniere inzwischen schon Verwundete zu beklagen.

Es sind tatsächlich drei feindliche Fahrzeuge, die im Wadi herumkurven und wie wild feuern. Eines der Kettenfahrzeuge wird von der Pak erwischt und ist nur noch Schrott. Ein anderes wird von den Pionieren mit Handgranaten ausgeschaltet und der letzte Bren Carrier wird erbeutet, nachdem die Besatzung sich ergeben hat. So kommt der Zug von Oberfeldwebel Heinecken nicht nur in den Besitz eines Kettenfahrzeugs, sondern auch in den Genuss von mehreren Schachteln Zigaretten, Keksen und Schokolade.

Sofort werden die Köstlichkeiten unter den Pionieren verteilt. Die gefangenen Engländer werden zusammen mit den verwundeten Kameraden nach hinten zu einer Sammelstelle gebracht.

Wenig später muss sich das Pionierbataillon wieder in Marsch setzen. Es geht weiter vorwärts.

Die Pioniere werden an anderer Stelle dringend benötigt. Diesmal geht es nach Nordosten. Dort in der Wüste sind heftige Panzerkämpfe im Gange. Wieder ist eine lange Durststrecke zu überwinden. Zu allem Überfluss zieht nun auch noch eine dunkle Wand von Süden herauf - der gefürchtete Ghibli.

Unteroffizier Krüger macht nun mit diesem Schreckgespenst aller Nordafrikaner Bekanntschaft.

Schon bald sind die Marschkolonnen vom Stauborkan umtost. Die Luft ist unerträglich heiß und trocken. Die Lippen werden spröde vor Trockenheit und es fühlt sich an, als ob die Lungen keine Luft mehr einsaugen können. Den Kraftfahrern ist es nicht mehr möglich, die Spur zu halten. Es hat keinen Sinn mehr weiter zu fahren.

Der Bataillonskommandeur gibt daher den Befehl zum Halten. Die Pioniere igeln sich ein. Man muss das Ende des Sturmes abwarten.

Endlich, nach fünf qualvollen langen Stunden, in denen die Nerven der Landser bis zum Zerreißen gespannt waren, beginnt es ein wenig ruhiger zu werden und der Himmel wird etwas lichter.

Die Einheit kann es nun wagen wieder weiterzufahren.

Nach weiteren sieben Stunden wird das Marschziel erreicht. Es war den Kraftfahrern nur eine sehr langsame Weiterfahrt möglich. Mitternacht ist nun schon vorbei. Die Küstriner haben sich sehr gut gehalten. Nun sind sie ihren bereits länger in Afrika dienenden Kameraden beinahe ebenbürtig.

Panzerspähwagen einer Aufklärungseinheit stehen bereit, um die Pioniere einzuweisen. Auf einer steinigen Hochfläche gräbt sich die 1. Kompanie mehr schlecht als recht ein. Die Landser kommen mit ihren Spaten kaum in den Boden hinein. Der Einheit gegenüber in einer großen Senke soll eine feindliche Panzereinheit liegen. Momentan in der fahlen Dunkelheit eines sternenklaren Nachthimmels ist nichts zu erkennen. Kein Geräusch ist zu vernehmen.

Der Feind schickt ab und an Spähtrupps gegen die deutschen Stellungen. Diese stoßen jedoch überall auf aufmerksame Posten und werden von wütendem Maschinengewehrfeuer empfangen.

Am nächsten Morgen sind die Engländer umzingelt. Von allen Seiten werden sie nun konzentrisch angegriffen. Der im Wadi sitzende Feind wehrt sich tapfer und verbissen. Einige Male versuchen sie auszubrechen. Doch es gelingt nur kleineren Einheiten aus der Umklammerung in die offene Wüste zu entkommen. Die Masse der Briten kann nicht mehr entweichen. Immer wieder schlagen Granaten in die Reihen der Panzer- und Infanterieeinheiten. Langsam, aber stetig verengt sich der Einschließungsring. Englische Fahrzeuge brennen, Matilda-Panzer bleiben bewegungsunfähig liegen.

Plötzlich ertönen unten im Wadi laute Hornsignale. Überall beim Gegner werden nun weiße Tücher gehisst und geschwungen.

Erstaunt heben die Pioniere die Köpfe. Das Feuer wird schwächer und verstummt schließlich.

Ein Fahrzeug, das weitum sichtbar mit einer großen weißen Flagge und großem roten Kreuz gekennzeichnet ist, fährt auf die deutschen Einschließungslinien zu. Im Abschnitt einer Panzerabteilung hält der Bedford QLT.

Ein Armeearzt steigt aus und wird zum zuständigen deutschen Kommandeur geführt.

Etwa 15 Minuten später geht ein Befehl an alle deutschen Verbände: Ab 12:30 Uhr Feuer unterbrechen - zweistündige absolute Waffenruhe - englische Verwundetentransporte haben freies Geleit - augenblickliche Stellungen bleiben unverändert und sind nach Ablauf der Waffenruhe wieder einzunehmen!

Volle zwei Stunden soll nun der Krieg plötzlich stillstehen. Es ist für Unteroffizier Krüger und seine Männer schwer fassbar. Ohne dass der Engländer seine Waffen strecken muss, kann er nun seine zahlreichen Verwundeten versorgen und zum nächsten, wenn auch deutschen Truppenverbandsplatz bringen. An den schweigenden Geschützen werden die Rohre in Nullstellung gedreht. Die Soldaten legen die Waffen aus der Hand, Panzerbesatzungen beider Seiten steigen aus ihren brütend heißen Kampfwagen. Deutsche Artilleristen schlendern herbei, Flak-Soldaten lassen ihre 8,8 cm-Kanonen stehen. Niemand schleppt eine Waffe mit sich herum.

Im Wadi verbinden indessen deutsche und britische Ärzte die vielen verwundeten Engländer. Sanitäter und Hilfskrankenträger beider Seiten sind dabei, die Verletzten in Rotkreuzwagen zu verladen. Unaufhörlich sind Sankras unterwegs.

Unterdessen radebrechen deutsche und englische Soldaten miteinander. Sie verstehen sich auch ohne viele Worte. Zigaretten werden angezündet, Bilder herumgereicht und Heimatadressen ausgetauscht.

Unteroffizier Siegfried Krüger hat es auch in den jetzt offenen Kessel gezogen. Nach wenigen 100 Metern trifft er auf den an seinem amerikanischen Grant-Panzerkampfwagen lehnenden britischen Sergeant Steven Green. Langsam schlürft der Tommy Gin aus seinem Trinkbecher.

„Come on", ruft der Brite mit einer rauchigen, tiefen Stimme. „Let's have a drink. Until we must shoot at eachother again."

Siegfried Krüger, der der englischen Sprache einigermaßen mächtig ist, lässt sich nicht zweimal bitten. Er steuert auf den Sergeant zu und bekommt sofort eine noch halb volle Flasche Gin in die Hand gedrückt. Nach einem ordentlichen Schluck unterhalten sich die beiden. Keiner fragt jedoch nach militärischen Dingen. Die sind sowieso tabu. Allein private Angelegenheiten interessieren in diesem Augenblick.

Green erzählt, dass er aus Birmingham kommt und sein Vater eine Werkstatt für Lkw und Busse hat. Diese solle er einmal übernehmen. Sein älterer Bruder sei bei Dünkirchen gefallen. Nach dieser Äußerung herrscht zwischen den beiden ein bedrückendes Schweigen, bis der Sergeant dieses mit einem freundlichen „Prost Fritz" unterbricht.

Es ist sogar ein Lächeln auf dem verschwitzten, schmutzigen Gesicht des britischen Unteroffiziers und er macht eine wegwerfende Handbewegung.

Unteroffizier Krüger berichtet nun, dass er aus einer Stadt namens Bitterfeld komme und noch einige andere persönliche Dinge.

Die vereinbarte Waffenruhe ist schneller vorüber, als es den Soldaten beider Seiten lieb ist. Das britische Hornsignal ertönt wieder. Überall werden die weißen Tücher der Engländer wieder eingeholt. Man eilt in die ursprünglichen Stellungen zurück. Schon fallen die ersten Schüsse. Der Moloch Krieg hebt erneut sein grässliches Haupt.

Einige Stunden später müssen die Engländer endgültig aufgeben.

Unter den weiteren Gefallenen ist auch der Sergeant Steven Green. Die Granate einer Achtacht hat seinen Grant-Panzer zerrissen.

Auch die Gruppe Krüger hat einen Gefallenen zu beklagen. Es ist der Pionier Feldmann. Er ist der zweite, der aus Küstrin gekommenen Männer, der vor dem Feind bleibt.

An einer geschützten Stelle des Wadi erhalten Freund und Feind ein Soldatengrab. Aus Kistenbrettern werden kleine Holzkreuze zusammengenagelt und mit den Namen der Gefallenen versehen. Deutsche und britische Stahlhelme sind neben ein paar säumenden Steinen der einzige Schmuck der Gräber in der Wüste.

Einige Worte noch, ein letzter Blick und dann heißt es endgültig Abschied nehmen von guten Kameraden. Die Fahrzeuge werden wieder bestiegen und rollen an. Der Wind weht und der Sand wandert unentwegt weiter.

Das Wüstenfort Bir Hacheim an der linken südlichen Flanke der englischen Verteidigungslinie wird von sogenannten Freien Franzosen verteidigt. Unter ihrem General König wehren sie sich geschickt und hartnäckig. Der deutsche Nachschub, der um diesen Stützpunkt weit durch die Wüste herumgeleitet werden muss, gerät dadurch immer mehr ins Stocken. Es ergeben sich ernstliche Schwierigkeiten. Das Wüstenfort muss deshalb unter allen Umständen genommen werden.

Nach Abschluss der letzten Kampfhandlungen bekommt auch das Pionierbataillon 900 den Befehl, in die bereits tobenden Kämpfe um Bir Hacheim einzugreifen.

Über bereits bekannte Pisten geht es wieder ein Stück zurück. Der Weg wäre ohnehin nicht zu verfehlen. Man braucht nur dem Waffenlärm zu folgen. Auf Bir Hacheim sind deutsche Stukas angesetzt. Immer wieder stürzen die metallenen Raubvögel mit ihren unverkennbaren Knickflügeln heulend auf die Kampfstände der Franzosen hernieder. Ein ums andere Mal fallen die Bomben auf Soldaten, Waffen und Fahrzeuge.

Aber auch die Briten haben starke Kräfte der Royal Air Force eingesetzt.

Von dem Wüstenfort ist weiter nichts zu sehen, als eine weite, flache Höhe, die von einer weißen, halbzerfallenen Mauer umgeben ist.

Unter der Erde und dem Sand erstreckt sich ein ausgedehntes Verteidigungssystem. Bir Hacheim verfügt über Erd- und Steinbunker, ja sogar über Kasematten. Denen können sogar die Stuka-Bomben kaum etwas anhaben.

Stunde um Stunde hageln die Bomben verschiedenster Größe auf die Festung. Dazwischen donnern die Granaten der deutschen Artillerie. Doch der Gegner wankt nicht und weicht auch nicht. Der von Zeit zu Zeit angreifenden deutschen Infanterie schlägt immer wieder wütendes Abwehrfeuer entgegen. Dadurch werden die Angreifer mal um mal in den Wüstensand gezwungen. Aus den betonierten Kampfständen blitzt und donnert es unaufhörlich heraus. Selbst feindliche Flugzeuge greifen immer wieder in die Erdkämpfe ein.

Stück für Stück muss mühsam aus der gegnerischen Verteidigung herausgebrochen werden. Von Bunker zu Bunker, von Kasematte zu Kasematte arbeiten sich die Pioniere vor, nachdem Stukas, Artillerie und schwere Flak den Feind mit einem Hagel von Eisen und Stahl überschüttet haben.

„Dort! Eine Schießscharte in der Bunkerwand!", ruft Pionier Falke dem Gruppenführer zu.

Im gleichen Moment blitzt es auch schon in dem Spalt auf und eine MG-Garbe zischt heraus. Erschrocken springt Falke noch ein Stück zur Seite und wirft sich auf den Boden.

Unteroffizier Krüger schätzt, vorerst selbst in Deckung bleibend, die Ausmaße des Schlitzes in der Betonwand. Handgranaten lassen sich zwar nicht hineinwerfen, denn dazu ist der Spalt zu eng, aber hineinstecken lassen sie sich sicher. Vorsichtig kriecht der Gruppenführer an den Bunker heran und lässt blitzschnell eine italienische Eierhandgranate in den Schlitz hineinrollen. Aber ebenso rasch wird sie von einem beherzten Mann der Bunkerbesatzung wieder hinausgeworfen. In der Nähe des Unteroffiziers, der sich gerade noch in einen flachen Bombentrichter werfen kann, detoniert das stählerne Ei.

Ein neuer Feuerstoß des feindlichen Maschinengewehrs rattert aus dem Loch heraus.

Krüger benutzt die folgende Feuerpause und schiebt die nächste Handgranate in den Schlitz, die augenblicklich im Inneren des Bunkers explodiert. Eine zweite und eine dritte Eierhandgranate lösen dröhnende Detonationen innerhalb des Betonklotzes aus. Daraufhin ist drinnen Ruhe, unheimliche Ruhe.

„Los! Aufsprengen!“, befiehlt der Gruppenführer nun hastig.

Der Gefreite Spielmann und Pionier Falke bringen in großer Eile eine doppelte Sprengladung in der Schießscharte an. Aber es ist eine gefährliche Arbeit. Immer wieder müssen die beiden Soldaten in Deckung gehen, denn dauernd werden sie von anderen Befestigungswerken aus beschossen. Außerdem donnern feindliche Tiefflieger, aus allen Rohren feuernd, über die Hochfläche von Bir Hacheim.

Ein gewaltiger Stoß erschüttert schließlich die Wüstenerde. Die Sprengladung hat ein mannsgroßes Loch in die Betonwand des Bunkers gerissen. Unteroffizier Krüger lugt vorsichtig hinein. Am Boden liegen einige Tote, französische Fremdenlegionäre, wie sich später herausstellen wird.

Ein zerfetztes Maschinengewehr, Berge von Patronenhülsen und etwas Munition. Der Gegner hatte sich anscheinend schon fast verschossen.

Krüger nimmt die Maschinenpistole fest in die Hand und klettert durch das Sprengloch in den Bunker hinein. Er spürt die Eierhandgranaten in seinen Hosentaschen. Drei seiner Soldaten folgen ihm.

Eine angebrochene Flasche Whisky und schnell zusammengetragene Beutemunition werden herausgereicht. Das MG ist nicht mehr zu gebrauchen und den feindlichen Soldaten ohnehin nicht mehr zu helfen.

An der gegenüberliegenden Bunkerseite befinden sich zwei Stahltüren. Eine davon steht weit offen. Sie führt in einen oben abgedeckten Laufgraben. Auf diesem Weg hat sich die restliche Bunkerbesatzung wohl abgesetzt. Krüger postiert genau dort einen der Pioniere. Mit den anderen beiden Männern untersucht er vorsichtig die zweite Tür. Sie ist anscheinend von der anderen Seite verriegelt.

„Sprengladung", befiehlt der Unteroffizier trocken.

Das Sprengpaket wird in den Bunker gebracht. Gleichzeitig klettern weitere Kameraden in den Bunkerraum und begeben sich in den nun offenen Laufgraben.

Wieder kracht es ohrenbetäubend und die verschlossene Stahltür hängt schief in den Angeln. Sofort knallt es jedoch aus dem Nachbarstollen. Dabei wird der Pionier Hädicke getroffen. Mit einem Unterschenkeldurchschuss muss er fortgetragen werden. Er hatte noch Glück, denn es hätte viel schlimmer kommen können.

Nun detonieren Handgranaten und knallen Maschinenpistolen und Karabiner.

Kurz darauf wird auch der zweite Bunker vom Feind gesäubert. Der Gegner verliert in diesen beiden Bunkern fünf Gefangene, davon sind zwei Verwundete und drei Gefallene. Alle tragen sie das typische Armeekäppi.

Wie die Maulwürfe wühlen sich die Pioniere durch das Labyrinth des unterirdischen Bunkersystems. Doch der feindliche Widerstand versteift sich immer mehr. Schließlich müssen die Angreifer ein Stück zurück genommen werden. Erneut heulen die Stukas vom Himmel herunter und werfen ihre todbringende Last auf die tapferen Verteidiger des Wüstenforts, die noch immer nicht daran denken die Waffen zu strecken.

Während die deutschen Sturzkampfflugzeuge versuchen, weitere Breschen in den Verteidigungswall des Gegners zu schlagen und die französische Besatzung zu zermürben, hat die 1. Pionierkompanie in einem etwas weiter zurückliegenden Wadi eine dringend notwendige Pause eingelegt.

Die Landser reißen sich die am Körper klebenden beigefarbenen Uniformhemden herunter und breiten sie in der Sonne zum Trocknen aus. Dann klappern die Kochgeschirre, die schnell vom Staub gereinigt werden. Die Pioniere schleppen sich müde und erschöpft zur Feldküche. Es gibt Nudeln in süßer Milch. Bei den meisten Pionieren hätte es so etwas in Friedenszeiten sicher nicht gegeben. Die wenigsten kennen diese Zusammenstellung überhaupt. Doch an diesem glühend heißen Tag mitten in der Wüste schlürfen die Soldaten die flüssige Mahlzeit mit Genuss.

Doch nichts kann man in diesem Afrika ungestört machen. Nun sind die Störenfriede nicht die feindlichen Soldaten, sondern die ekelhaften schwarzen Fliegen. Diese sind ohnehin bei jeder Tätigkeit dabei, doch während des Essens sind sie besonders aufdringlich. Sie hängen an jedem Löffel Suppe, kleben am kleinsten Bissen Brot und krabbeln in jede geöffnete Konservendose.

Einige der alten Afrikaner wissen Rat. Sie füllen einen Haufen trockenen Kamelmist in eine alte Dose, kippen Benzin darüber und zünden das Ganze an. Darüber wird altes Brackwasser geschüttet. Ein beizender, schwarzer Qualm zieht nun über den Rastplatz der Kompanie.

Das Fliegengesindel macht sich tatsächlich auf und davon. Doch die Kameraden husten und schimpfen. Der scheußliche Gestank hatte ihnen gerade noch gefehlt.

Krüger löscht den schwelenden Brand wieder und nach wenigen Minuten sind die Fliegen wieder da.

Doch die Landser sind ohnehin fertig mit dem Essen. Sie ziehen sich die Fliegennetze über die Köpfe und verkriechen sich in die spärlichen Schattenfleckchen ihrer Fahrzeuge. Die meisten versuchen zu schlafen.

Die Pause währt jedoch nur kurz und schon müssen die Pioniere wieder angreifen.

Stellung um Stellung, Bunker um Bunker müssen gestürmt werden. Teilweise mit Hafthohlladungen und Flammenwerfern. Die Pioniere fertigen geballte und gestreckte Ladungen an und knacken Bunker oder sprengen Stacheldrahtverhaue und Minenfelder frei.

Nach tagelangen Kämpfen, als die Munition der Franzosen zur Neige geht, räumen sie letztendlich am 10. Juni 1942 die noch in ihrem Besitz befindlichen Stützpunkte des Wüstenforts. Ein Teil von ihnen gerät in deutsche Kriegsgefangenschaft. Der Rest schlägt sich durch die Wüste zu den englischen Verbündeten durch.

Abermals ist das Pionierbataillon auf dem Marsch. Es scheint nach Norden zur Küste zu gehen. Das genaue Marschziel aber kennen die Landser nicht, auch wissen sie nicht, welche Aufgaben ihnen nun bevorstehen.

„Im Augenblick ist mir völlig Wurscht, was wir nun wieder machen sollen“, knurrt der Pionier Wiermann. Er zieht genüsslich an seiner Tabakpfeife, ehe er weiterredet: „Ich will nur endlich mal wieder aus dieser verdammten Wüste raus. Mal wieder richtig waschen oder vielleicht sogar im Meer baden.“

„Ach, zu schön, um wahr zu werden“, winkt der Gefreite Spielmann ab.

Er soll mit seiner Äußerung Recht behalten.

Am 12. Juni kommt es südlich von Acroma zu heftigen Kämpfen mit zwei englischen Panzerdivisionen, in die auch Teile des Pionierbataillons 900 verwickelt werden. Dann biegt die Masse des Afrikakorps nach Osten ab und aus dem erfrischenden Bad des Pioniers Wiermann im blauen Meer wird tatsächlich nichts.

Am 18. Juni heißt es dann plötzlich:
„Das Ganze kehrt!"

General Rommel hat mal wieder einen seiner listenreichen Schachzüge getan. Er täuscht dem Feind einen Angriff auf die ägyptische Grenze vor, lässt seine Truppen dann aber umschwenken und stellt sie in der Nacht auf dem 20. Juni 1942 im Südosten der noch vom Gegner besetzten Festung Tobruk zum Handstreich auf die Stadt bereit.

Es ist stockdunkel. Der Mond scheint nicht. Erde und Himmel sind eine einzige schwarze Masse. Zur Not weiß man noch, was oben und was unten ist.

„Bei dieser Finsternis soll man fahren. Man sieht ja die eigene Hand vor den Augen nicht. Bis Tobruk sind es noch gut 60 bis 70 Kilometer Sandpiste. Das kann ja noch heiter werden", knurrt der Gefreite Gänsewig.

„Haaalt!", ruft der neben dem Fahrer sitzende Gruppenführer Krüger. „Fahr nicht auf. Der Vordermann ist dicht vor unserem Kühler."

Bremsen - halten - anfahren, so geht es in stetem Wechsel. Mehr als höchstens zehn Kilometer in der Stunde sind nicht herauszuholen.

„Wenn man nur mal Licht anmachen könnte", meutert Gänsewig.

„Das lass mal lieber sein. Wir wollen uns keinen Anpfiff einhandeln."

Der elende Pistenstaub wird durch die vielen Räder hoch gewirbelt und bleibt in der windstillen Dunkelheit über der Kolonne stehen. Man sieht ihn nicht, aber man bemerkt ihn. Er kriecht wieder in den letzten Winkel und legt sich den Atem erschwerend auf die Lungen. Die Soldaten schnaufen, husten und spucken.

„Verfluchter Staub - verfluchter Dreck!"

Das hört man immer wieder von den Landsern in den verschiedenen Lastkraftwagen der Kolonne.

Am Tag kann man wenigstens den größten Unebenheiten der Piste ausweichen, doch nun in der Nacht sieht man sie einfach nicht. Die Fahrzeuge sacken in Löcher. Die Blattfedern der Lastwagen quietschen. So manchen harten Stoß müssen die Achsen aushalten.

Der Mercedes Benz L3000 hopst plötzlich über vertrocknete Grasbüschel. Beinahe reißt es dem Fahrer das Lenkrad aus der Hand. Dann wieder schleift das Fahrzeug durch dichte Kameldornbüsche.

Unvermittelt taucht auf der Fahrbahn nebenan eine andere Kolonne auf. Man sieht die Wagen erst im letzten Augenblick - und dazu noch restlos verschwommen. Gerade noch können die Fahrer ausweichen. Nun gilt es nicht nur Auffahrunfälle zu vermeiden, sondern obendrein auch noch stur die Bahn zu halten, um nicht mit den fremden Fahrzeugen zusammenzustoßen. Kilometer um Kilometer pirschen sich die Kraftfahrzeuge quälend langsam vorwärts.

Aber auch diese lange Nachtfahrt über den Wüstensand wird von den Männern am Lenkrad und ihren Beifahrern gemeistert. Niemand will ihren Oberbefehlshaber Rommel enttäuschen.

Pünktlich zur festgesetzten Stunde sind die Kampfverbände des Deutschen Afrikakorps am befohlenen Punkt südöstlich von Tobruk, das im Westen bereits von den Italienern belagert wird.

Tobruk ist das Symbol des britischen Widerstands gegen die deutsch-italienischen Angriffe. Schon einmal hatte General Rommel die Wüstenfestung monatelang berannt. Alle Versuche sie zu nehmen, sind am verbissenen Widerstand der Engländer, Australier, Neuseeländer und Südafrikaner gescheitert. Nun, da die Briten wieder bis zur ägyptischen Grenze zurückgedrängt wurden, ist Tobruk wiederum zu ihrer letzten Bastion auf libyschem Boden geworden. Dieses Mal ist der deutsche Oberbefehlshaber fest entschlossen, die starke Festung im ersten Ansturm zu nehmen.

Die Hafenstadt in einer natürlichen, geschützten Meeresbucht bietet selbst großen Überseeschiffen die Möglichkeit dort einzulaufen und festzumachen. Als wichtigster Hafen ihrer Kolonie Libyen wurde er von den Italienern dann zu einer starken Festung ausgebaut. Raffinierte, an das karstige Gelände angeglichene Festungsanlagen sind teils beinahe unsichtbar angelegt. An die 200 Werke sind unter den Boden getrieben. Die Bunker haben Decken aus Beton oder gewachsenem Felsgestein, die teilweise bis zu anderthalb Meter dick sind. Keine künstlichen Bodenerhebungen, keine Panzerkuppeln und kein offener Geschützstand unterbrechen das natürliche Landschaftsbild. Die Italiener sind nicht nur Meister im Straßen- und Festungsbau, sie verstehen sich auch aufs Tarnen. Abgedeckte Panzergräben durchziehen das Gelände, die kein Auge und keine Luftbildkamera zu erspähen vermögen. Ausgedehnte Minenfelder und Drahthindernisse sichern zusätzlich gegen überraschende Angriffe.

Dieses hervorragende Verteidigungssystem hat sich nun der Gegner zunutze gemacht. Etwa 25.000 Mann, vor allem Neuseeländer, bilden die Festungsbesatzung. Sie sollen Tobruk um jeden Preis halten. Für die Briten steht eine Menge auf dem Spiel. Nicht nur ein wichtiger Logistikstützpunkt - auch der Durchhaltewillen des britischen Empires.

Das erste Tageslicht des 20. Juli 1942 fällt auf die öden Tafelberge vor Tobruk. Vom Ras el Madauar schießt feindliche Artillerie auf die deutschen Bereitstellungsräume. Mit dem Höhersteigen der grellen Sonne wird das Feuer des Gegners jedoch ungenauer, fahriger. Die flirrende Hitze verzerrt die Ziele, schiebt sie weiter hinaus oder holt sie heran. Kaum ein Messergebnis der englischen Kanoniere stimmt noch. Ihre Granaten detonieren meist nutzlos im Wüstensand.

Nun aber hängt ein tiefes Brummen in der Luft, das sich von Westen her rasch nähert. Tobruks Befestigungswerke werden von deutschen Stukas angegriffen. Pausenlos und stundenlang kippen die silbernen Raubvögel über ihre Tragflächen hinüber und stürzen heulend nach unten. Mit ihren schweren Bomben versuchen sie Gassen in die Minenfelder und Drahtverhaue zu sprengen. Es ist eine schaurige Symphonie der röhrenden Jumo-211-Motoren, des pfeifenden und singenden Metalls und des umhersausenden Gesteins.

Nach den ersten Donnerschlägen gehen die Pioniere daran, die von den Sturzkampfbombern gezogenen Schneisen für Panzer und andere motorisierte Verbände endgültig passierbar zu machen. Unversehrt gebliebene Minen müssen aufgenommen und entschärft, zerrissener Stacheldraht an die Seiten geräumt, umgewühlte Panzergräben stellenweise eingeebnet und noch vom Feind besetzte Bunker ausgehoben werden. Das alles ist ganz sicher keine leichte und ungefährliche Arbeit.

„Wir machen jetzt einen geschlossenen Sprung in die nächste Vertiefung rechts von uns“, weist Unteroffizier Krüger seine Pioniere an. „Von dort können wir dann bestimmt Verbindung zur Nachbargruppe aufnehmen.“

Die Pioniergruppe macht sich zum Sprung bereit.

„Jetzt!“, ruft der Unteroffizier.

Er springt auf und hat nach wenigen Sätzen die Mulde erreicht. Gleichzeitig mit ihm lassen sich seine Männer schwer atmend in das von einer Stuka-Bombe gerissene Loch fallen. Es ist nicht so ganz einfach, sich hier vorwärts zu arbeiten. Das ganze Pioniergerät muss mitgeschleppt werden. Die gnadenlose Sonne, Staub und Dreck sowie der noch hier und da in festen Unterständen sitzende Gegner tun ein Übriges.

Der geschlossene Sprung ist geglückt. Niemand wurde von einem Feindgeschoss getroffen. Aber jetzt geht es nicht mehr weiter. Eine englische Bunkerbesatzung feuert, sobald die Pioniere auch nur die kleinste Bewegung machen. Die Soldaten können nicht vor und nicht zurück. Da die andere Gruppe, bei der sich der Zugführer aufhält, in nächster Nähe sein muss, verlegt Unteroffizier Krüger sich aufs Rufen. Er hat Glück, denn trotz des Gefechtslärms hören ihn die Kameraden.

„Ja, was gibt es, Siggi?", brüllt Oberfeldwebel Heinecken zurück.

„Wir kommen nicht weiter! Der Tommy beharkt uns aus einem Bunkerloch heraus."

„Bleibt liegen. Ich sehe schon, wo der Engländer steckt. Vielleicht kann ich ihn ausräuchern", schreit der Zugführer durch den Gefechtslärm.

Eng in den Bombentrichter hineingepresst, schlagen den Pionieren die Herzen bis zum Hals. In eine verteufelte Lage sind sie da wieder geraten. Sie wagen nicht, die Köpfe auch nur einen Millimeter zu heben. Gegen eine gutsitzende englische Geschoßgarbe würde auch der lehmfarben gestrichene Stahlhelm kaum ausreichenden Schutz bieten.

Nach endlos langen Minuten hören die Soldaten ein Zischen in ihrer Nähe. Trotz des grellen Sonnenlichts sehen sie den Feuerstrahl eines Flammenwerfers. Gierig züngelt dieser zwei-, dreimal in die Bunkerscharte, aus der der Gegner eben noch schoss.

Vorsichtig späht Unteroffizier Krüger über den Trichterrand. Gegenüber rührt sich nichts mehr. Die englische Besatzung des Werks schweigt. Auch ein etwas angehobener Stahlhelm löst keinen feindlichen Feuerstoß mehr aus.

Kann man es nun wagen, sich weiter vorzuarbeiten? Zunächst kriecht der Unteroffizier alleine seitlich am Bunker vorbei. Es geht gut. Der Feind rührt sich tatsächlich nicht mehr. Nun folgen auch die restlichen Männer. Kein Schuss fällt.

„Alles in Ordnung, Konrad. Wir sind durch", ruft Unteroffizier Krüger.

„Verstanden!", erwidert Heinecken mit lauter Stimme.

„Aber seid weiterhin vorsichtig. Wenn möglich, seht Euch mal den Bunker etwas näher an."

„Jawohl, machen wir."

Schon nach wenigen Metern gelangen die Pioniere in einen Gang, der durch die Stuka-Bomben freigelegt wurde. Am Boden liegen zwei farbige Kolonialsoldaten - tot, mit angebrannten Uniformen. Der Pfad durch das Felsgewirr endet vor dem Bunkereingang. Dort ist eine schwere Stahltür, die jedoch offen steht.

„Ist die Bunkerbesatzung geflüchtet?", geht es Krüger durch den Kopf.

Der Pionierunteroffizier schiebt die Tür weiter auf und schaut in das Innere des Betonwerks. Es verschlägt ihm die Sprache und er merkt, wie sich sein Magen hebt. Im Inneren hatte der Flammenwerferstrahl fürchterlich gewirkt.

„Bleibt draußen. Hier haben wir nichts mehr verloren", meint Krüger mit belegter Stimme zu seinen Männern.

Während die Pioniere sich mühsam durch den hinteren, von den Junkers Ju 87 und Heinkel He 111 bereits hart getroffenen Befestigungsgürtel hindurcharbeiten, sind die deutschen Kampfflugzeuge weiter vorn auf den Stadtkern von Tobruk zu pausenlos im Einsatz.

Der Feind darf nicht zur Ruhe kommen. Zwar ist gegen die meterdicken Beton- und Felsdecken der Bunker selbst mit Stuka-Bomben nicht viel auszurichten, aber neben der Zerschlagung der Minenfelder und Drahthindernisse, der Panzer- und Laufgräben wird das feindliche Nachrichtennetz zerrissen und dadurch die Befehlsübermittlung unterbrochen. Dem britischen Festungskommandanten dürfte die Führung seiner Verbände mehr und mehr aus der Hand gleiten.

Dennoch kämpfen schon längst isolierte britische Stützpunkte unbeirrbar und tapfer weiter. Sie machen es den Männern des Deutschen Afrikakorps nicht leicht und zeigen teils fanatischen Widerstand.

Stacheldrahtgestrüpp versperrt den Weg und muss beseitigt werden.

Unteroffizier Siegfried Krügers Pioniere liegen seitlich und auf dem Rücken im Staub der Wüste und knipsen mit ihren langen Scheren den stark angerosteten Draht auseinander. Herausgeschnittene Teile werden an die Seite geworfen. Es ist eine an den Nerven zehrende Arbeit. Die Arme, ja sogar die Gesichter der Landser werden zerkratzt. Das kann die schlimmsten Blutvergiftungen verursachen.

Unteroffizier Krüger beobachtet durch sein Zeiss-Doppelglas die nähere Umgebung. Immer wieder liegt man plötzlich vor unversehrt gebliebenen britischen Kampfständen. Meist sieht man sie erst, wenn es an den Bunkerscharten aufblitzt. Doch dann ist es oft schon zu spät.

„Mensch, Siegfried, da drüben ist eine Kanone!“, stößt der in der Nähe seines Gruppenführers liegende Gefreite Spielmann hastig hervor.

Krüger dreht seinen Kopf in die angegebene Richtung. Was er dort sieht, lässt ihn trotz der Hitze beinahe das Blut in den Adern gefrieren. Keine 25 Meter entfernt wird langsam ein Geschützrohr aus einer rötlichgelben Wand hervorgeschoben.

„Halte drauf!", schreit er dem Gefreiten zu.

Dieser richtet das Rohr seines Flammenwerfers auf das Bunkerloch und drückt auf das Griffstück. Ein Strahl brennenden Öls zischt glühend heiß zum Gegner hinüber. Gleichzeitig fällt aber drüben der Schuss. Der Einschlag liegt mitten unter den Stacheldraht knipsenden Pionieren. Ein weiterer Strahl aus dem Flammenwerfer zischt brennend durch die Luft, ein dritter fährt in das Loch in der so gut getarnten Bunkerwand. Die Kanone feuert keinen weiteren Schuss mehr ab, sondern schweigt für immer.

„Ist jemandem was passiert? Alle mal melden!", ruft der Gruppenführer seinen Männern zu.

„Ja, den Meyerhöfer hat es erwischt!", schreit der Pionier Wiermann zurück.

So schnell er kann, robbt Krüger zu den Männern hinüber. Der Verwundete, einer von den alten Küstrinern, blutet stark. Ein Granatsplitter hat ihm den Oberschenkel aufgerissen. Schnell bindet Krüger ihm das Bein ab. Mehrere Verbandspäckchen werden um die Wunde gewickelt.

Dann muss Meyerhöfer, der die starken Schmerzen tapfer hinunterschluckt, so schnell wie möglich in ärztliche Behandlung.

„Schnell, Wiermann. Eine Zeltplane und dann zurück mit ihm zum Sanitätsnest. Der Oberarzt ist in einem der hinteren großen Bunker. Sie werden ihn schon finden. Eine Rotkreuzflagge steht darauf. Spielmann, Weber und Gollnick fassen mit an. Aber im Laufgraben bleiben, wenn es geht. Kann sein, dass hin und wieder noch ein Stand vom Tommy besetzt ist. Aus lauter Nervosität können die Brüder dann vielleicht auf Euch schießen, weil sie zu spät erkennen, dass Ihr einen Verwundeten habt. – Jetzt los, Tempo!"

Gegen Mittag setzen bereitgestellte Panzer- und Infanterieverbände zum ersten Rammstoß entlang der von den Stukas gezogenen und von den Pionieren gesäuberten Schneisen an.

Es gelingt den Einheiten ein größerer Einbruch in den gegnerischen Verteidigungsgürtel um Tobruk. Es werden zahlreiche Gefangene eingebracht. Doch die Mehrzahl der feindlichen Bunkerbesatzungen wehren sich mit größter Tapferkeit bis zur letzten Patrone, teilweise bis zum letzten Mann.

General Rommels Zermürbungswerk geht weiter. Erneut prasseln Fliegerbomben auf die Verteidiger nieder. Zwischendurch drücken Infanteriestoßtrupps die Briten langsam aber stetig weiter zurück.

Die Männer der für einige Stunden aus dem Einsatz genommenen Pionierkompanie des Oberleutnants Urban rappeln sich schlaftrunken hoch. In verschiedenen leerstehenden Bunkern hatten sie sich auf den harten Betonboden gepackt, um sich etwas auszuruhen. Doch jetzt sind sie kaputter und zerschlagener als vorher. Aber es nützt jetzt alles nichts. Sie müssen wieder ran. Die Männer werden erneut zur Räumung des Gefechtsfelds eingesetzt. Zäh und verbissen mühen sich die Landser vorwärts. Immer wieder müssen sie blitzschnell zu Boden, wenn sie aus irgendeinem versteckten Bunker vom Feind beschossen werden.

Unteroffizier Siegfried Krügers Gruppe ist mittlerweile auf acht Männer zusammengeschrumpft.

Sie liegen vor einem größeren, unversehrt gebliebenen Stacheldrahtverhau. Hier waren keine Stuka-Bomben detoniert. Nun müssen die Pioniere ganze Arbeit leisten.

„Wir werden ein paar gestreckte Ladungen unter den Draht schieben und hochjagen", erklärt Krüger seinen Männern.

„Das hilft uns am schnellsten weiter, zumal der Verhau wahrscheinlich auch vermint ist. Wenn wir erst eine Gasse gesprengt haben, tun wir uns leichter."

Von dem in der Nähe in einem eroberten Panzergraben abgestellten Lastkraftwagen der Gruppe werden die Ladungen geholt. Als aber die beiden zurückbeorderten Soldaten die wartenden Kameraden schon beinahe erreicht haben, bekommen sie unvermittelt Feuer von hinten.

Sofort liegen sie in Deckung. Die beiden Pioniere haben sich, müde wie sie waren, aufrecht bewegt und dem Feind ein gutes Ziel geboten. Jetzt sind sie aber umso munterer. Jeder Versuch vorwärts zu kriechen oder sich gar zu erheben, wird vom Feind durch prasselnde Geschoßgarben vereitelt. Die Pioniere Weber und Gollnick sind am Boden festgenagelt.

„Verdammte Sauzucht!", wettert Krüger angesichts der misslichen Lage, in der seine beiden Männer stecken.

„Jetzt haben wir den Tommy im Rücken."

„Ich werde das wieder hinbekommen", meint der Pionier Detlef Wiermann

„Gut, aber ich komme mit, um Dir Feuerschutz zu geben, Wiermann. Ihr anderen bleibt liegen und bewegt Euch nicht einen Zentimeter!"

Eng am Boden entlang kriechend, nähern sich Unteroffizier Krüger und sein Kamerad auf Umwegen dem rückwärtigen Bunker, aus dem die feindliche Besatzung unentwegt schießt. Spielmann hat es dabei besonders schwer, denn er muss den 22 Kilogramm schweren Flammenwerfer 41 mitschleppen.

Vom Gegner unbemerkt, macht der Gefreite in einem Bombentrichter den Flammenwerfer einsatzbereit. Unteroffizier Krüger braucht nicht in Aktion zu treten.

Minuten später zischt der Feuerstrahl zu den 20 Metern entfernten Schießscharten des Betonunterstands. Ein knisterndes Geräusch ertönt und wieder hat diese entsetzliche Waffe ihre Wirkung erzielt.

Unbehelligt erreichen jetzt die Pioniere Weber und Gollnick die vor dem Stacheldrahtverhau auf sie wartende Gruppe. Auch Krüger und Wiermann gesellen sich wieder dazu. Während eine vorgezogene schwere Flak den erkennbaren Gegner ringsum bekämpft, wird das Drahthindernis samt den eingebauten englischen Minen beiseite geräumt.

Inzwischen ist es rasch dunkel geworden. Die Luftwaffe, sowohl die deutsche als auch die britische, hat ihre Angriffe eingestellt. Auch die schweren Erdwaffen schweigen größtenteils. Nur die feindliche Artillerie schießt weiterhin Störungsfeuer. Die Briten scheinen über Munition in rauen Mengen zu verfügen. Der Kampf der Infanteriestoßtrupps geht jedoch weiter. Ebenso tasten sich die Pioniere ununterbrochen vorwärts. Überall bersten Handgranaten, bellen Maschinenpistolen und peitschen Gewehrschüsse auf.

Die Stunden verrinnen. Von den Kameraden der Infanterie abgeschirmt, arbeiten sich Krüger und seine Männer durch die Dunkelheit voran. Der Zugführer taucht hin und wieder auf und erteilt Ratschläge und Weisungen. Er ist die Versicherung, dass die eingeschlagene Richtung stimmt. Auch der vielbeschäftigte, immer wieder zur Vorsicht mahnende Kompaniechef erscheint einige Male.

Schließlich geht es den Hügel abwärts. Wenn nicht alles täuscht, ist der Hauptbefestigungsgürtel endlich durchstoßen. Drahthindernisse und Minengürtel hören auf. Aber wo sind die Infanteristen, der Zugführer und die nebenan eingesetzte 2. Gruppe?

„Verdammt, wir haben in der Dunkelheit den Anschluss an die Kameraden verloren. Was ist denn dort vor uns?", flucht Krüger und beißt sich auf die Unterlippe.

„Das sind die ersten Häuser von Tobruk. Alle zerschossen und zerbombt", antwortet der Gefreite Spielmann, der von einem kurzen Spähgang zurückkehrt.

„Na, dann sind wir ja bereits weit genug vorgedrungen. Viel weiter können wir erstmal nicht, sondern wir sollten zuerst die Verbindung zu unseren Kameraden wiederherstellen. Aber rufen können wir nicht. Da würden wir nur die Tommys auf uns aufmerksam machen. Wir kriechen besser zu einer geeigneten Deckung und machen das Funksprechgerät klar. Also ab zu den Ruinen dort vorn."

Auf dem Weg dorthin tauchen im fahlen Mondlicht plötzlich schemenhafte Gestalten auf. Ob es Freund oder Feind ist, können die Pioniere nicht erkennen.

Unteroffizier Mälzer ist vorsichtig und fordert das Kennwort zur Identifzierung der Stammeinheit.

Als Antwort bekommen die Landser jedoch heftigen Beschuss aus Infanteriewaffen. Glücklicherweise gehen die Schüsse in der Dunkelheit weit daneben, da die Feinde nicht genau zuordnen können, von wo der Ruf kam. Hastig verschanzen sich die Pioniere in den nahen Mauerresten und feuern zurück. Anhaltspunkte geben die Mündungsfeuer der Gegner. Der Pionier Wiermann lässt seinen Flammenwerfer kurz aufspritzen. Daraufhin ziehen es die Feinde vor, schnell zu verschwinden.

Über das Tornisterfunkgerät werden der Zug und von dort die Kompanie verständigt. Krüger bekommt daraufhin die Anweisung, nicht mehr weiter vorzugehen, sondern sich an Ort und Stelle einzuigeln und weitere Befehle abzuwarten.

Die Pioniere nutzen die Zeit und untersuchen die Hausruine, in der sie sich eingenistet haben. Der Pionier Gollnick entdeckt dabei ein komplettes Bekleidungslager der Engländer. Der Jubel der Pioniere ist groß. Sofort machen sich die Soldaten abwechselnd daran, sich ihre verschmutzten Hemden auszuziehen und neue, saubere anzuziehen. Dasselbe geschieht mit den zerrissenen Socken und wenn notwendig mit dem Schuhwerk.

„Eine richtige Wäsche vorher, wäre toll gewesen“, meint der Gefreite Spielmann, als er sich sein zerschlissenes Hemd auszieht.

Krüger und seine Männer haben tatsächlich als erste Kampfgruppe den Ortsrand von Tobruk erreicht. Der Waffenlärm, den sie vernehmen, kommt ausschließlich von den Plateaus der Tafelberge. Die Kameraden sind also alle noch hinter diesen. Aber dieser weite Vorstoß der Gruppe Krüger war eigentlich nur ein Versehen nach dem Verlust des Anschlusses an die Kameraden der Nachbargruppen.

In nächster Nähe des kleinen Häufleins herrscht lebhafter Feindverkehr. Fahrzeuge bahnen sich brummend ihren Weg. Britische Soldaten stolpern schweigend vorüber. Sie scheinen keine Ahnung zu haben, dass eine Gruppe deutscher Soldaten schon mitten unter ihnen ist.

„Verhaltet Euch bloß ruhig. Es hat in unserer Situation keinen Sinn, etwas gegen die Tommys zu unternehmen. Die würden uns paar Hanseln glatt fertig machen. Geschossen wird nur, wenn wir angegriffen werden“, flüstert Krüger seinen Männern zu, so als ob der Gegner jedes zu laute Wort sofort hören könnte.

„Siggi, komm mal ans Gerät! Der Alte will mit Dir sprechen!", raunt der Funkgefreite Leonard Rosenau.

Vorsichtig tastet sich Krüger voran. Immer darauf bedacht, bloß keinen Lärm zu machen, indem er an herumliegende Steine oder andere Gegenstände stößt.

„Hier Steinbock", spricht der Pionierunteroffizier leise in das Gerät.

„Ja, Urban hier. Wie steht es bei Ihnen?"

„Es ist viel Betrieb, aber wir halten uns bedeckt."

„Das ist richtig. Nur nichts riskieren. Warten Sie auf uns. Es kann nicht mehr lange dauern. Gesammelt wird bei Ihnen."

Schnell und beinahe ohne jeden Übergang zieht der Morgen des 21. Juli 1942 herauf. Schon beim ersten Tagesschimmer beginnen die schweren Waffen zu feuern. Ein schauriges Konzert der Vernichtung beginnt erneut. Die Schlacht um Tobruk entbrennt mit neuer Heftigkeit. Deutsch-italienische Panzerverbände, Infanteriestoßtrupps und die gefürchtete Achtacht-Flak erweitern die Breschen vom Vortag.

Kampffliegerverbände bombardieren die Hafenanlagen, um ein Entweichen stärkerer Feindkräfte über See zu verhindern.

Inzwischen hat die Pionierkompanie Urban, wie angekündigt, in der Nähe der Gruppe Mälzer gesammelt. Nun hat der Oberleutnant seine Männer wieder alle beisammen. Im Schutz vorgepreschter Panzer ist es ihm auch gelungen, die Gefechtsfahrzeuge mit heranzubringen. So können sie sogar aufgesessen durch den Stadtkern von Tobruk fahren. Er ist total zerstört. Es liegt kaum noch ein Stein auf dem anderen. Allzu große

Trümmerhaufen auf der Hauptstraße werden durch Nebengassen, wo nur ebenerdige Lehmhütten standen, umfahren. Gekämpft wird in der Stadt selbst so gut wie gar nicht. Ohne sich noch besonders zur Wehr zu setzen, geht der Feind weiter und weiter zurück.

Erst in der Nähe des Hafens stellen sich neuseeländische Truppen wieder hartnäckig zum Kampf. Als Silberstreif am Horizont sehen sie die Möglichkeit, noch über das Mittelmeer zu entkommen. Die deutsche Luftwaffe hat ihre Angriffe auf die Hafenanlage und den Küstenstreifen vorerst eingestellt.

Im Hafenbecken wurden im Laufe der Kämpfe jedoch zahlreiche Schiffe versenkt, so dass nur noch eine schmale Fahrrinne frei geblieben ist. Dort können nur kleinste Schiffseinheiten ein- und auslaufen. Daher haben sich die Engländer eine Ausweichmöglichkeit geschaffen. Etwa 500 Meter seitlich der Felsenmole, die den Naturhafen von Tobruk im Westen umfasst, haben sie sich eine Behelfslandebrücke gebaut. Dort im seichten Wasser sind zahlreiche Lastkraftwagen zur offenen See hin aneinandergereiht und mit Holzbohlen belegt worden.

An der Spitze dieses verankerten Notstegs liegen in dem Augenblick, als der Pionierzug Heinecken heranprescht, zwei erst zum Teil besetzte Kähne. Beim Anblick der heranstürmenden Deutschen legen die Bootsführer überstürzt ab.

Als nun einige Landser die Gewehre heben, um hinterher zu feuern, winkt der Oberfeldwebel energisch ab.

„Nicht schießen. Lasst sie sausen. Die Tommys kommen ohnehin nicht weit. Sie müssen bald wieder an Land, wo der Durst sie früher oder später doch in unsere Arme treiben wird. Und wenn sie sich wider Erwarten doch zu ihrem Haufen durchschlagen sollten, dann entscheiden ein paar Männeken den Ausgang des Krieges auch nicht."

Unterdessen sind die am Strand stehenden Neuseeländer umzingelt und entwaffnet worden. Die nicht mehr in die Boote gekommenen Empire-Soldaten werden von der Mole geholt. Freiwillig geben sie ihre Gewehre ab. Es hätte auch keinen Sinn mehr gehabt, den Kampf fortzuführen, denn die drohenden Geschützrohre der inzwischen herangekommenen deutschen Panzerkampfwagen sprechen eine unmissverständliche Sprache.

„Siegfried, du bringst die Gefangenen mit Deiner Gruppe zur Brücke. Ich lasse hier erst noch die Beutewaffen verladen und komme dann mit den Fahrzeugen und den restlichen Männern nach. Wahrscheinlich werde ich Dich unterwegs überholen, aber ich fahre gleich weiter. Der Chef ist mit den anderen Zügen auf der Landzunge und wartet dort auf uns. Dem Gefechtslärm nach zu urteilen, geht es dort noch heiß her", meint Heinecken zu Unteroffizier Krüger.

Die gefangenen Neuseeländer sind meist kräftige, breitschultrige Männer in guter körperlicher Verfassung. Der Kontrast zwischen ihnen und ihren Bezwingern könnte nicht größer sein. Die bärtigen Pioniere sind von den Strapazen der letzten Tage gezeichnet. Ihre sonnenverbrannten, müden Gesichter sind eingefallen, die Ruhr grassiert unter den Männern und ist an deren kritischem Zustand nicht ganz unbeteiligt.

Den sich ungerührt unterhaltenden Gefangenen sieht man jedoch an, dass sie heilfroh sind, dem Stahlgewitter entkommen zu sein.

„Die stehen aber gut im Futter", staunt der Pionier Wiermann, Landwirtssohn aus dem brandenburgischen Raum.

Er grinst, nimmt einen Schluck Tee aus seiner Feldflasche und steckt sich dann eine Zigarette an, die ihm von einem Neuseeländer angeboten wird.

Die Felsenmole, an deren äußerem Ende ein Leuchtturm steht, ist noch vom kämpfenden Feind besetzt. Auch hier sind Bunker in den Felsen gehauen worden. Diesen konnten die Bomben der Junkers Ju 87 nicht viel anhaben. In diesen massiven Unterständen fühlen sich die britischen Besatzungen noch relativ sicher und denken vorerst nicht daran aufzugeben.

Über eine angezapfte Telefonleitung besteht Verbindung zum englischen Molenkommandanten. Eine Aufforderung zur Übergabe weist er entschieden zurück und lässt zur Antwort das Feuer aus seinen Gewehren und MG verstärken.

Wieder beginnt der verbissene Kampf der Pioniere und Infanteriestoßtrupps um jeden einzelnen Bunker. Wer weiß, wie der Kampf hier an der Landzunge ausgegangen wäre, wenn nicht im Laufe des Vormittags der Tobruker Festungskommandant unter dem Druck der Ereignisse mit dem Rest der Besatzung kapituliert hätte. So muss auch der tapfere Major auf der Felsenmole seine Waffen strecken und die Bunkereingänge öffnen.

Als die Pioniere nun einen Blick in die kühlen Betonkammern werfen, werden sie von dem Gesehenen beinahe überwältigt. Die Neuseeländer hatten einen Großteil ihrer Verpflegungsvorräte hier gelagert. Mit Reis gefüllte Säcke sind bis hoch zur Decke gestapelt. Darüber hinaus sind dort Fisch-, Fleisch- und Fruchtkonserven deponiert. Auch Spirituosen, verpackte Tabakwaren und andere Köstlichkeiten finden die Landser. Schnell stecken sich die Männer einige handliche Sachen in die Taschen, denn schon ziehen vor den Lagern Posten auf, die darüber wachen sollen, dass nichts davon entwendet wird.

Unteroffizier Krüger und seine Männer sehen sich noch etwas auf der Mole um, besichtigen den Leuchtturm und wundern sich über die unzähligen versenkten Schiffe. Kreuz und quer liegen die Wracks im Hafenbecken.

Am Beginn der Felsenmole entsteht plötzlich Bewegung. Mehrere Männer, denen die herumstehenden Landser unverzüglich Platz machen, verschwinden in den ersten Bunkern. Nach geraumer Zeit erscheinen sie wieder, betrachten eingehend das Hafenbecken und kommen langsam näher.

„Wer das wohl ist?“, fragt der Pionier Weber, dessen Wiege in einem Vorort von Potsdam stand.

„Wahrscheinlich höhere Offiziere“, antwortet sein Gruppenführer.

Gleichzeitig richtet er sein Zeiss-Glass auf die Näherkommenden.

„Mensch, das ist ja der Rommel persönlich“, entfährt es dem Unteroffizier.

Oberfeldwebel Heinecken bestätigt es ihm. Er kennt den General schon von früheren Gelegenheiten.

Für Unteroffizier Krüger und seine Männer ist es schon etwas Besonderes, den militärisch herausragenden Befehlshaber des Deutschen Afrikakorps aus nächster Nähe zu sehen. Respektvoll stehen die sitzenden Pioniere auf und nehmen trotz der vorangegangenen Entbehrungen und Strapazen stramme militärische Haltung an, als der General sich ihnen nähert.

Rommel blickt zur Seite, bleibt stehen und wendet sich an den, ob der hohen Ehre ganz verdutzt schauenden Krüger.

„Zu welchem Truppenteil gehören Sie?“

„Zur 1. Kompanie, Pionierbataillon 900, Herr General."

Krüger kann es noch immer nicht fassen, dass Rommel ausgerechnet ihn angesprochen hat.

„So - Pionier. Dann haben Sie und Ihre Männer es bei der Einnahme von Tobruk sicher nicht leicht gehabt?"

„Na ja, Herr General..."

„Schon gut - ich weiß Bescheid", beendet General Rommel das kurze Gespräch, nickt Krüger freundlich zu und geht mit seiner Begleitung weiter.

„Siggi, der Rommel hat gleich gesehen, dass du einer unserer besten Männer bist. Deshalb hat er Dich auch angeredet. Und du hast uns würdig vertreten", meint Oberfeldwebel Heinecken, als der General außer Hörweite ist und klopft ihm anerkennend auf die Schulter, dass der Staub aus dem Hemd aufwirbelt.

Krüger weiß in diesem Augenblick nicht, ob sein Zugführer das ernst meint oder ihn nur aufziehen will.

Die vielen tausend Kriegsgefangenen quer durch die britische Völkerfamilie werden auf einer kleinen Hochebene etwa vier bis fünf Kilometer südöstlich Tobruks gesammelt. Eskortiert von deutschen oder italienischen Soldaten, kommen laufend neue Gruppen im Lager an. Immer zahlreicher werden die Tommys, die teilweise auch auf Lastkraftwagen herangebracht werden.

Für die siegreichen deutsch-italienischen Truppen ergeben sich nun vielerlei Verpflichtungen. Die Kriegsgefangenen müssen verpflegt, mit Wasser versorgt, ärztlich behandelt und betreut - und natürlich bewacht werden.

Laufend sind nun Lastkraftwagenkolonnen unterwegs, um Lebensmittel aus den erbeuteten Lagern in Tobruk zu holen. Wasserwagen schaffen das kostbare Gut bis aus Derna heran. Den Sanitätsdienst übernehmen die englischen Ärzte unter Mithilfe ihrer deutschen und italienischen Kollegen.

Für das immer größer werdende Lager wird neben leichten 2 cm-Flak-Zügen und MG-Trupps die Pionierkompanie Urban abgestellt. Ihr obliegt es in erster Linie, dafür zu sorgen, dass der Kriegsgefangenen-Sammelplatz möglichst rasch umdrahtet wird. Die Empire-Soldaten sind in der Masse wagemutige Burschen, denen ein organisierter Ausbruch durchaus zuzutrauen ist.

So werden Stacheldrahtrollen herangeschafft und britische Pioniere müssen unter dem Kommando ihrer eigenen Sergeants einen doppelten Flandernzaun ziehen. Die Deutschen überwachen lediglich die Arbeiten, die auch nicht bei Einbruch der Nacht unterbrochen werden. Der Mond spendet kostenfreie Beleuchtung, so dass es, wenn auch in langsamerem Tempo, stetig weitergehen kann.

Die überwiegende Zahl der Kriegsgefangenen verbringt die als kalt empfundene Nacht auf einer Decke oder Zeltbahn unter freiem Himmel. Nicht viel komfortabler verbringen die Bewacher die Nacht.

Die Schlacht um Tobruk ist ein Ruhmesblatt in der Geschichte des Deutschen Afrikakorps und seiner italienischen Verbündeten. Nun ist sie geschlagen. In Würdigung seiner überragenden Verdienste hat der deutsche Oberbefehlshaber den Marschallstab bekommen. Damit haben auch die Leistungen der deutsch-italienischen Soldaten auf afrikanischem Boden ihre Anerkennung gefunden.

Der nunmehrige Generalfeldmarschall Erwin Rommel drängt jedoch weiter. Der Feind soll sich nicht wieder festsetzen können und muss am Laufen gehalten werden. Es liegt Rommel nicht, sich auf seinen erworbenen

Lorbeeren auszuruhen. Nachdem Einheiten der 90. Leichten Division bereits die Orte im libysch-ägyptischen Grenzgebiet genommen und gegen alle feindlichen Angriffe gehalten haben, lässt Rommel nach dem Fall von Tobruk sofort alle dort freigewordenen Truppenteile nachrücken.

Am 28. Juni wird Marsa Matruh von deutsch-italienischen Verbänden eingenommen. Annähernd 5.000 Gefangene büßt der Gegner hier ein. Dem weichenden Feind aber bleibt der Generalfeldmarschall auf den Fersen.

Bereits zwei Tage später steht er vor der britischen El-Alamein-Stellung. Von dort bis Kairo sind es nur noch 100 Kilometer. El Alamein ist die letzte große Abwehrstellung bis dorthin. Die Italiener treffen bereits Vorkehrungen, ihr nordafrikanisches Oberkommando nach Ägypten zu verlegen. Schon sehen sich die deutschen Pioniere auf ihren, durch den schier unendlichen Wüstensand mitgeschleppten, Sturmbooten den Nil überqueren.

Sofort nach seinem Eintreffen vor El Alamein lässt Rommel die englischen Stellungen angreifen und erzielt einen tiefen Einbruch. Aber der Angriff läuft sich schon bald fest. Wochenlang wogen die Kämpfe hin und her. Schließlich erstarrt die Front Ende Juli 1942.

„Unteroffizier Krüger zum Chef!“, geht es durch die Reihen der Pionierkompanie Urban.

Diese liegt im südlichen Teil der Front, nahe der Kattarasenke dem Feind gegenüber.

Verwundert macht sich der Gruppenführer auf den Weg zur Kompanie-Befehlsstelle und betritt das Zelt, in dem der Kompaniechef haust und gleichzeitig arbeitet.

„Unteroffizier Krüger wie befohlen zur Stelle!", meldet sich der Gruppenführer.

„Danke. Setzen Sie sich dort auf die Kiste", erwidert der Oberleutnant.

Nachdem der Unteroffizier Platz genommen hat, fragt der Kompaniechef: „Was meinen Sie wohl, was wir mit Ihnen vorhaben?"

„Keine Ahnung, Herr Oberleutnant."

„Dann will ich es Ihnen mal sagen", lacht Urban fröhlich auf.

„Angesichts Ihrer Leistungen im Kampf um Bir Hacheim und Tobruk wird Ihnen das Allgemeine Sturmabzeichen verliehen. Ich habe die große Ehre, es Ihnen hiermit zu überreichen."

Der Kompaniechef erhebt sich lächelnd und steckt dem Unteroffizier die Auszeichnung an.

„Gern würde ich Sie auf Heimaturlaub schicken, doch angesichts der momentanen Lage geht das leider nicht. Wird aber so schnell wie möglich nachgeholt. Was wir aber machen können ist, dass Sie noch heute mit Ihrer Gruppe auf ein interessantes Kommando gehen. Sie sollen mit Ihren Leuten eine Woche lang bei der Division Brescia eine Schwadron des italienischen Kamelreiterkorps im Erkennen und Beseitigen von Minenfeldern sowie in der Fertigung von Ladungen und Behelfsminen unterweisen. Gerade Sie als tüchtiger Pionierunteroffizier sind dazu geeignet. Ich habe es schon beim Bataillonskommandeur durchgedrückt. Er setzt allerdings voraus, dass Sie bei den Italienern einen guten Eindruck hinterlassen. Sie bekommen den Obergefreiten Moßdorf mit. Der war vor dem Krieg jahrelang in Italien und spricht die Sprache fließend. Außerdem soll die Schwadron mehrere Leute haben, die Deutsch sprechen. Der Capitano selbst gehört mit dazu. Bereiten Sie am besten gleich alles vor. Sie fahren mit Ihren eigenen Lastkraftwagen. Nehmen Sie genug Anschauungsmaterial sowie Marschverpflegung und ausreichend Tee mit. Während des Kommandos selbst werden Sie von den Italienern versorgt. So, das wäre es erstmal. Haben Sie noch Fragen?"

„Ja, Herr Oberleutnant. Wo liegt denn die Schwadron und was wäre die beste Marschroute?"

Oberleutnant Urban winkt ab.

„Machen Sie sich erstmal abmarschbereit und kommen Sie dann noch mal her. Dann zeige ich Ihnen das italienische Lager auf der Karte und wir legen die Marschkompasszahl fest. Außerdem gebe ich Ihnen noch ein wenig spezielle Wegzehrung mit", meint der Offizier zwinkernd und schlägt Krüger kameradschaftlich auf die Schulter.

Seit Stunden sind Krüger und seine Männer schon unterwegs. Sand und brütende Hitze sind ihre ständigen Begleiter. Längst liegt die letzte deutsche Stellung hinter ihnen und es geht von einer italienischen Einheit der Division Brescia zur anderen. Weit kann es nicht mehr sein bis zum Lager der Kamelreiter.

Die Ankunft bei den Kamelreitern verläuft sehr lebhaft. Mit dem ganzen Charme ihrer Beredsamkeit begrüßen die schwarzhaarigen Südländer ihre deutschen Kameraden als gerngesehene Gäste. Der Pioniergruppe werden zwei geräumige Zelte zur Verfügung gestellt. In denen können die Männer sich endlich wieder ordentlich waschen und rasieren. Danach lädt der Schwadronschef Capitano Messano die Pioniere in die Offiziersmesse zum Abendessen.

Zu Ehren der Deutschen gibt es leckere Dinge. Die Männer, an die derbe Feldküchenkost gewöhnt, zeigen freudige Gesichter. Der süffige italienische Wein zeigt sehr schnell Wirkung, auch wenn er in geringen Mengen genossen wird. Allmählich löst er auch die anfangs noch schweigsamen Zungen der deutschen Pioniere. Langsam kommt eine angeregte Unterhaltung mit den italienischen Gastgebern zustande. Der Capitano benutzt indes die Gelegenheit, um Unteroffizier Krüger einen Einblick in die Gliederung und das Aufgabengebiet des Kamelreiterkorps zu geben.

„Meine Unterführer sind fast alle alte Afrikaner, denen Libyen zur zweiten Heimat geworden ist. Der Leutnant Gariboldi zum Beispiel hat vor dem Krieg die libysche Wüste mit seinem Polizeikommando teils motorisiert, teils mit Kamelen durchstreift. Er kennt das Land wie seine Westentasche. Viele meiner Männer sind als Pflanzer in den Küstenregionen ansässig. Ich selbst habe einen größeren landwirtschaftlichen Betrieb in der Nähe von Zuara. Das ist der Endpunkt der aus Tripolis kommenden Eisenbahn."

„Eine kurze Zwischenfrage bitte, Capitano. Wo haben Sie denn Ihr ausgezeichnetes Deutsch gelernt?", unterbricht der Unteroffizier den italienischen Offizier bei seiner Schilderung.

„Na, so gut ist es auch wieder nicht. Aber für die Verständigung dürfte es ausreichen", winkt der Capitano lächelnd ab. „Die Sprache habe ich mir vor allem in Ihrem Land selber angeeignet. Ich habe einige Semester an der Landwirtschaftlichen Fakultät in Weihenstephan studiert." Zurück zu seinem Kamelreiterkorps meint er weiterführend: „Unsere Hauptaufgabe ist es, abseits der mit Kraftfahrzeugen befahrbaren Pisten zu patrouillieren und zu erkunden. Dabei kommt es vor, dass unsere Trupps weit ins Feindgebiet vorstoßen. Manchmal geschieht es in voller Absicht, oft aber auch in Unkenntnis der taktischen Gegebenheiten. Verluste, besonders durch englische Minen, sind dabei nicht immer zu vermeiden. Nun wollen wir aber versuchen, eben diese Verluste auf ein Mindestmaß zu reduzieren. Und genau dabei sollen Sie uns in den nächsten Tagen helfen. Ich hoffe, die militärische Lage bleibt so lange noch stabil."

Unteroffizier Krüger nickt bedächtig.

„Mir wäre es recht, wenn Sie gleich morgen mit der Unterweisung unserer Männer beginnen könnten", spricht der Italiener weiter. „Je eher wir mit der Unterweisung durch sind, desto besser und außerdem sind unsere Trupps einmal vollzählig im Lager. Das hat schon Seltenheitswert."

Der italienische Offizier hebt sein Glas und prostet dem deutschen Unteroffizier mit dem blutroten, süßen Wein zu.

Die erste Unterrichtsstunde ist vorüber. Unteroffizier Krüger ist zufrieden. Die Italiener sind sehr wissbegierig und deshalb auch eifrig bei der Sache.

Nun werden die Pioniere vom italienischen Spieß durch das Lager geführt. Es ist eigentlich eine alte Wüstensiedlung, die von den früheren Bewohnern verlassen wurde. Dort ist zwar ein alter Brunnen vorhanden, aber das Wasser ist von schlechter Qualität. Vegetation zeigt sich so gut wie gar nicht. Es stehen nur einige alte Kameldornbüsche und Halfagras herum. Dazwischen stehen die Armeezelte und einige alte Baracken. Die leeren Behausungen der weiter gezogenen Araber sind größtenteils zerfallen und nicht mehr bewohnbar.

Die Deutschen interessieren sich jedoch am meisten für die weißen und hellgrauen Reitkamele.

Sie erhalten von einem italienischen Oberfeldwebel interessante Informationen über die Wüstenschiffe und bekommen sogar die Gelegenheit, das ein oder andere Tier zu reiten.

Einige Tage später meint der Capitano zu Krüger: „Heute Nacht muss ich zwei Patrouillen ausschicken. Hätten Sie und einer Ihrer Männer Lust mitzukommen? Wir sollen feststellen, wo und in welchem Ausmaß der Gegner Minen gelegt hat."

„Aber sicher machen wir mit", stimmt Krüger zu, ohne viel darüber nachzudenken.

„Das ist fein, dass Sie freiwillig mitkommen. Befehlen dürfte ich es Ihnen nicht, Sie sind mir ja nicht unterstellt. Also wir reiten in zwei Trupps. Die eine Gruppe führt wie immer Leutnant Gariboldi, der allerdings kein Deutsch spricht. Ich selbst führe die zweite Gruppe."

„Capitano, wenn Sie gestatten, werde ich bei Ihnen mitkommen. Unseren Dolmetscher, den Gefreiten Moßdorf werde ich dann zur Gruppe des Leutnants Gariboldi senden. So sollte es keine Verständigungsschwierigkeiten geben. Außerdem hat Moßdorf, genau wie ich, schon einige Reitstunden hinter sich."

„Gut, das geht in Ordnung", entscheidet der Italiener. „Halten Sie sich um zwei Uhr mit Ihrem Kameraden bereit. Sie können Ihre deutschen Uniformen anbehalten, müssen aber unsere schwarzen Umhänge überziehen. Wir nehmen auch pro Gruppe ein Minensuchgerät mit. Bitte kümmern Sie sich um die Einsatzbereitschaft der entsprechenden Gerätschaften, die wir planen mitzunehmen."

„Jawohl, Capitano, ich werde die Geräte sofort überprüfen."

„Schön, dann bis heute Nacht."

Es ist mondhell und sternenklar, dazu aber auch bitterkalt. Fröstelnd ziehen die italienischen Wüstenreiter sowie die beiden Deutschen ihre Umhänge enger um die Schultern. Die Männer sind bereits aufgesessen und warten auf den Capitano. Der Bursche des Chefs hält den gesattelten Kamelhengst, das Reittier des Offiziers, zum Aufsitzen bereit.

Unteroffizier Krüger und der Gefreite Moßdorf sitzen mit etwas gemischten Gefühlen auf ihren Reittieren. Es ist immerhin ihr erster großer Ausritt. Zudem sind die ihnen zugewiesenen Tiere unruhig und etwas störrisch. Von Natur aus gutmütig und folgsam, spüren sie jedoch die fremde Führung. Nur durch die Zurufe ihrer italienischen Betreuer sind sie zu bewegen, sich in Gang zu setzen und zum Appellplatz des Lagers zu trotten.

„Guten Morgen, Leute“, begrüßt der italienische Wüstenreitchef seine Männer.

Er gibt den beiden deutschen Soldaten kurz die Hand und unterhält sich dann mit Leutnant Gariboldi.

„Was sagt er?“, erkundigt sich Unteroffizier Siegfried Krüger leise bei seinem Kameraden Moßdorf.

Dieser übersetzt flüsternd die wichtigsten Passagen des Gesprächs der beiden italienischen Offiziere.

Es bezieht sich alles auf den bevorstehenden Erkundungsritt.

„Vorwärts!“, befiehlt der nun aufgesessene Capitano Messano.

Durch leise Pfiffe aufgefordert, setzen sich die Tiere nun langsam in Bewegung.

Die beiden Reittiere der Deutschen trotten in der Masse mit. So haben Krüger und Moßdorf vorerst keine Mühe mit ihnen.

Aus dem Lager hinaus geht es durch lockeren Wüstensand feindwärts.

Den beiden Deutschen steigt wieder einmal der Staub in die Nase. Er kriecht in den Mund und legt sich auf die Augen. Sie müssen wischen, räuspern und husten. Die Italiener zeigen sich jedoch ungerührt. Ihnen scheinen die Staubschwaden nicht das Geringste auszumachen. Von den Tieren ganz zu schweigen. Nicht umsonst tragen sie den Beinamen Wüstenschiffe.

Eine Stunde vor Sonnenaufgang trennen sich die beiden Erkundungstrupps. Leutnant Gariboldi biegt mit seinen Männern nach Südosten ab.

Da ein Spähtrupp möglichst viel sehen soll, aber selbst vom Feind nicht gesehen werden sollte, lässt Capitano Messano hinter einer Wüstendüne halten. Es erklingen Zurufe und Pfiffe, die Unteroffizier Krüger nicht deuten kann. Sie veranlassen die Kamele jedoch, sich auf dem Wüstenboden niederzulassen.

Zwei Soldaten bleiben nun zur Bewachung der Kamele zurück. Die Umhänge werden abgelegt. Dann geht es zu Fuß weiter. Glühend heiß brennt die Sonne nun vom Himmel. Siegfried Krüger hat schon bald keinen trockenen Faden mehr am Leib. Den Italienern macht die Hitze weniger aus. Unentwegt stapft der Erkundungstrupp durch den Wüstensand. Allen voran marschiert der Capitano. Die übrigen Soldaten folgen in aufgelockerter Formation.

Ein feindliches Patrouillenflugzeug braust in der Nähe vorüber. Auf ein Zeichen des italienischen Offiziers hin bleibt die Gruppe stehen und rührt sich nicht.

Die britische de Havilland Mosquito scheint nichts bemerkt zu haben. Schon bald ist der Aufklärer im flirrenden Dunst der Wüste verschwunden.

Es geht weiter. Doch plötzlich bleibt der Offizier erneut stehen. Er schaut angestrengt durch sein Doppelglas in Feindrichtung. Unteroffizier Krüger, auf Höhe des Chefs angelangt, späht ebenfalls nach Osten. In etwa 600 Metern Entfernung ist eine britische Einheit ausgeschwärmt. Offenbar handelt es sich um Pioniere, die mit Minenlegen beschäftigt sind.

„Die Konkurrenz ist dort vorn am Werk, oder?“, fragt der Capitano, während er aufmerksam die Engländer beobachtet.

„Sieht so aus“, antwortet Krüger knapp.

„Wir werden zunächst hier in Deckung abwarten. Vielleicht verschwinden die Tommys bald. Dann sehen wir uns ihre Arbeit mal an“, bestimmt der Italiener.

Die englischen Pioniere denken jedoch nicht daran, das Feld zu räumen. Rückwärts gehend, verlegen sie unaufhörlich ihre gefährliche Arbeit. Das Ende ist nicht abzusehen. Sicher hatten sie schon nachts mit der Arbeit begonnen, die nun unbedingt beendet werden soll.

Dem Capitano wird die Zeit nun doch zu lang. Im Schutz einiger quer verlaufender Sandwellen lässt er bis zu einem Punkt vorgehen. Von dort aus hat die Truppe einen besseren Einblick in das vom Feind besetzte Gelände. Von hier aus kann man auch die britischen Fahrzeuge ausmachen. Die Feindkolonne besteht aus acht Lastkraftwagen und einigen Jeeps.

Angesichts der kaum bewachten Fahrzeuge kommt dem italienischen Offizier eine kühne Idee. Er winkt seine Männer heran und weiht sie in seinen Plan ein.

„Wir werden uns links seitlich durch das Wadi ausholend an die britischen Fahrzeuge heranarbeiten. Falls auf dem Weg dorthin auch Minen liegen sollten, bahnen wir uns eine schmale Gasse. Drüben am Ausgang dieses Pfades bleibt der letzte von uns stehen, um den Rückweg zu sichern. Die anderen nehmen sich die Fahrzeuge vor. Entführen können wir sie nicht, deshalb werden wir so viele wie möglich zerstören. Um uns nicht gegenseitig zu gefährden, werden wir einheitlich vorgehen. Soweit notwendig, werden wir die Posten überwältigen. Danach schütten wir das Benzin aus den Ersatzkanistern über die Fahrzeuge und zünden sie dann an. Es muss alles schnell und lautlos gehen. Wenn alles erledigt ist, verduften wir schleunigst."

Am flachen Hang des Wadi arbeitet sich die Gruppe vor. So können die Männer die Engländer beobachten, sind aber selbst der Feindeinsicht entzogen. Unteroffizier Krüger hat die Spitze. Dicht dahinter hält sich der Capitano. Die übrigen Italiener folgen in Schützenreihe.

Krüger schaut angestrengt auf den Wüstenboden. Zunächst kann er aber keine verdächtigen Hügelchen, also Minen, feststellen. Die ersten 200 Meter geht es zwar langsam und vorsichtig, jedoch stetig weiter vorwärts.

Dann wird der deutsche Unteroffizier jedoch misstrauisch, zumal der Spähtrupp schon auf Höhe der englischen Pionierkompanie ist. Der Wind könnte ja die Merkmale eines Minenfeldes verwischt haben. Krüger lässt sich von Perguise, einem kleinen flinken jungen Mann aus Sizilien, das elektrische Suchgerät nach vorn bringen und beginnt den Hang in zwei Meter Breite zu sondieren. Seine Vorsicht ist durchaus gerechtfertigt. Schon bald leuchtet das Warnlämpchen auf und der Summer ertönt. Bedächtig buddelt der Unteroffizier die erste englische T-Mine aus dem Wüstensand und entschärft durch eine kurze Drehung am Zündstift den Sprengkörper. Die unschädlich gemachte Mine wird als Wegbegrenzung an die Seite gelegt.

Mit geübtem Blick stellt Krüger jetzt auch die typische schachbrettartige Anordnung eines Minenfeldes fest. Er macht Capitano Messano, der hin und wieder einen prüfenden Blick zu den ahnungslosen Engländern hinüberwirft, und die anderen italienischen Kameraden auf seine Feststellung aufmerksam.

Nachdem man nun weiß, wo die Minen liegen, geht es wieder schneller voran. Unteroffizier Krüger legt die Sprengkörper in der zu bahnenden Gasse so weit frei, dass er sie entschärfen kann. Das Übrige besorgen die Italiener.

„Hinlegen und ruhig verhalten!“, zischt Messano, als wieder ein britisches Flugzeug in geringer Höhe über das Wüstenmeer braust.

Kaum ist die Maschine wieder außer Sicht, geht die Arbeit des Spähtrupps weiter. Immer wieder mahnt der Capitano zur Eile. Er befürchtet, dass ihm die Engländer doch noch den Plan durchkreuzen.

Nach 300 Metern scheint das Minenfeld überwunden zu sein. Die kleinen, verwehten Sandhügel haben aufgehört. Das Suchgerät zeigt kein Metall mehr an. Jetzt aber kommt der schwierigste Teil des Unternehmens, das Heranpirschen an die Kraftfahrzeuge und deren Vernichtung.

„Sie bleiben hier und winken uns ein, wenn wir zurückkommen“, befiehlt der italienische Offizier dem kleinen Sizilianer Perguise.

Dann kriecht er mit den übrigen Männern so nahe an die Fahrzeuge heran, dass sie diese in einem geschlossenen Sprung erreichen können. Vorerst wird aber, eng an den Boden gepresst, die Lage sondiert.

Die britischen Kraftfahrer sind damit beschäftigt, ihren in mehreren hundert Metern Entfernung arbeitenden Kameraden die Minen zuzutragen. Laufend pendeln sie zwischen den Lastkraftfahrzeugen und der Kompanie hin und her. Die Engländer müssen sich anscheinend sehr sicher fühlen. Weder sind Posten aufgestellt, noch sind die Bedford QL-Lastkraftwagen dauernd unter Kontrolle. Messano kommt dies sehr gelegen.

„Los!“, zischt er, als die schweren Lkw wieder einmal verlassen dastehen.

Die Gruppe springt auf und erreicht unbemerkt die den britischen Soldaten abgewandte Seite der Wagenkolonne. Schon haben die flinken Italiener die ersten Benzinkanister in der Hand und schütten den Inhalt über die Bedford-Dreitonner. Im Führerhaus eines der hinteren Lastwagen sitzen zwei vollkommen überraschte Briten. Sie werden herausgeholt und mit vorgehaltener Maschinenpistole dazu gebracht, sich ruhig zu verhalten. Ihre verstohlenen Blicke in Richtung ihrer Sten MP veranlassen Messano, ihnen schnell die Hände auf den Rücken zusammenzubinden.

Streichhölzer flammen auf. Gut die Hälfte der Wagen beginnt zu brennen. Mehr ist nicht zu schaffen. Zurückkommende britische Kraftfahrer schlagen bereits Alarm.

„Weg!“, schreit Messano.

So schnell wie möglich wird die Strecke zur rettenden Senke zurückgelegt. Dort wartet am Eingang zur Minengasse Perguise und winkt mit beiden Armen. Man kann ihn nicht verfehlen. Schüsse peitschen, kleine Staubwölkchen hoch wirbelnd, in den Wüstensand. Die Engländer lassen das Minenlegen sein und rennen zu ihren Fahrzeugen. Sie versuchen zu retten, was noch zu retten ist. Ein Teil von ihnen macht sich jedoch an die Verfolgung des italienischen Spähtrupps. Die britischen Pioniere geben jedoch bald auf, da sie Respekt vor ihren eigenen Minenfeldern haben. Die von Unteroffizier Krüger geschaffene schmale Schneise übersehen sie zum Glück.

Indessen hat die Gruppe Messano den Minengürtel nach rückwärts passiert und ist hinter einer hohen Sanddüne angelangt. Erschöpft vom schnellen Lauf im knöcheltiefen Sand und bei brütender Sonne, lassen sich die Männer hier zu Boden fallen.

Erst jetzt gibt einer der Italiener zu erkennen, dass er am Bein verwundet ist. Bis jetzt hat er seine Schmerzen unterdrückt, aber nun kann er nicht mehr. Die Wunde wird schnell verbunden. Anscheinend muss der Mann zurückgetragen werden. Unter den Bedingungen der Wüste ist das recht beschwerlich. Obwohl die Soldaten sich im Transport ihres Kameraden ablösen - auch der italienische Hauptmann und natürlich Unteroffizier Krüger tragen mit - kommt die Gruppe vollkommen erledigt bei den Reitkamelen an.

Hier wird nun eine längere Rast eingelegt. Dann schickt der Capitano den Verwundeten in Begleitung eines mit den Gefahren der Wüste vertrauten italienischen Unteroffiziers auf dem kürzesten Weg zum Lager. Der restliche Spähtrupp mit dem Unteroffizier Krüger aber reitet zur Feststellung weiterer britischer Minensperren nach Nordosten.

Das Kommando bei der Kamelreitertruppe ist beendet. Kaum befindet sich die Pioniergruppe Krüger jedoch wieder bei der Kompanie, da wird sie bereits erneut abgestellt. Diesmal kommt Krüger mit seinen Männern zur italienischen Division Trieste. Diese liegt im äußersten Süden der El-Alamein-Stellung dem Feind gegenüber. Als die Pioniere bei den Italienern ankommen, sind dort bereits die Vorbereitungen für einen großangelegten Angriff auf die englischen Feldbefestigungsanlagen im Gange. An ein Umgehungsmanöver südlich durch die Kattarasenke kann jedoch nicht gedacht werden, da diese Wüstenlandschaft für Kraftfahrzeuge unpassierbar ist. Es bleibt nur der direkte frontale Vorstoß.

„Da dürfte uns mal wieder alles geboten werden", brummt Unteroffizier Siegfried Krüger leise vor sich hin.

Von den zwölf Männern, die im März mit ihm von Küstrin kamen, sind nur noch acht bei seiner Gruppe.

Doch inzwischen ist die Gruppe Krüger wieder durch neue Pioniere aufgefüllt worden. Diese werden nun von den alten Küstrinern, die mittlerweile ebenfalls zu den alten Wüstenfüchsen gehören, unter die Fittiche genommen. In den nächsten Tagen wird das wohl auch bitter notwendig werden.

Der Angriffsbefehl für die Division Trieste wird gegeben.

Die deutschen Pioniere werden dem Kommando einer italienischen Kampfgruppe unterstellt, der sie beim Vorstoß den Weg zu bahnen haben. Der Masse der Einheit ungefähr zwei bis drei Kilometer voraus ziehend, müssen sie wieder einmal englische Minen räumen und Gassen in Stacheldrahthindernisse schneiden.

Orgelnd fliegen feindliche Granaten über die Pioniere hinweg. Unwillkürlich ziehen die Neuen die Köpfe ein. Aber es geschieht ihnen nichts - noch nichts.

Das Artilleriefeuer gilt den folgenden italienischen Angriffstruppen.

Plötzlich aber bekommen die Pioniere ebenfalls Feuer. Sofort liegen die Landser im Sand. Ihnen gegenüber, in etwa 300 Meter Entfernung stehen englische Vorposten. Angesichts der nachrückenden Italiener ziehen die Briten es jedoch bereits nach einigen Feuerschlägen vor, sich abzusetzen. Vorsichtig folgen die deutschen Pioniere, da damit zu rechnen ist, dass die Engländer sich weiter im Hinterland erneut zum Kampf stellen werden. Da Krügers Gruppe nicht motorisiert ist, geht es ohnehin nur langsam vorwärts. Obendrein lassen Flugsand und die mörderische Hitze kein zügiges Tempo der Soldaten zu.

Den Männern klebt die Zunge am Gaumen. Sie möchten trinken und abermals trinken. Aber sie müssen mit ihren geringen Tee- und Wasservorräten sparsam haushalten. Auch die Marschverpflegung ist knapp. Sie besteht nur aus einigen Keksrollen.

Inzwischen hat die Pioniergruppe wieder Feindberührung mit den englischen Vorposten. Abermals sirren und pfeifen die feindlichen Geschosse über die Deutschen hinweg. Wieder müssen die Männer um Unteroffizier Krüger zu Boden. Ausreichende Deckung ist jedoch kaum vorhanden. Das Gelände ist eben wie ein Brett. Es bleibt den Pionieren nichts anderes übrig, als sich in den heißen, feinen Sand hineinzuwühlen. Ihre Lage ist alles andere als beneidenswert.

Doch zum Glück kommen die Italiener ihren deutschen Kameraden zu Hilfe. Aus rückwärtigen Stellungen beschießen ein schweres Maschinengewehr Breda 38 und zwei Panzerabwehrkanonen Ansaldo 4,7 cm L 3/ den Gegner. Daraufhin ziehen die Engländer erneut ab, um letztendlich irgendwo im Gelände zu verschwinden.

Misstrauisch marschieren die Pioniere weiter. Schon bald stoßen sie auf ein feindliches Drahthindernis. Hier beginnt nun ihre eigentliche Arbeit. Während die feindliche Artillerie die weiter hinten folgenden italienischen Truppen eindeckt, arbeitet sich die Gruppe Krüger durch die Stacheldrahtverhaue. Meter um Meter werden die stachligen Drähte durchgeknipst. Die zu schneidende Gasse erweitert sich jedoch nur langsam. Doch den erschöpften Pionieren ist es durch die brütende Hitze nicht möglich schneller zu arbeiten.

Schon ist die italienische Kampfgruppe heran und muss sich nun weiter auseinanderziehen und verhalten. Die Masse der Kampfgruppe besteht momentan noch aus Infanteriekräften. Die schweren Waffen sind aufgrund der schlechten Bodenverhältnisse noch nicht herangeführt.

Es ist nur noch ein kurzes Stück, welches entfernt werden muss, dann ist der Weg durch das feindliche Drahtgewirr endlich frei. Doch da pfeift es plötzlich heran. Die geübten Ohren der erfahrenen Afrikaner erkennen sofort, dass der feindliche Artilleriebeschuss dieses Mal ihnen gilt.

„Hinlegen!", schreit Unteroffizier Krüger seinen Männern zu und schon kracht es auch.

Die Granaten detonieren mitten im feindlichen Drahtgewirr. Den Landsern vergeht Hören und Sehen. Ein wahrer Sand- und Splitterregen überschüttet die wehrlosen Soldaten. Noch ehe sie dazu kommen durchzuatmen, schlägt schon die nächste Salve ein.

Dann ist auf einmal Ruhe.

Vorsichtig richtet Unteroffizier Krüger sich auf. Da sieht er auch schon, dass einer der Neuankömmlinge getroffen wurde. Stöhnend wälzt sich der junge Soldat zur Seite. Hastig kriecht Krüger zu dem Verwundeten.

Ein Granatsplitter hat den rechten Arm des Pioniers aufgerissen. Schnell werden einige Verbandspäckchen aufgerissen und die sehr stark blutende Wunde verbunden.

„Der Spielmann rührt sich nicht mehr!", ruft da plötzlich einer der Kameraden.

Sofort fährt Krüger herum.

„Auch das noch", denkt er sich dabei.

Er eilt zu seinem Kameraden, der reglos im Sand liegt. Krüger beugt sich über ihn, kann aber zunächst keine

Verletzung feststellen. Ganz behutsam dreht er den Körper des Kameraden herum. Was er nun jedoch sieht, lässt den Gedanken an eine ärztliche Hilfe illusorisch werden. Krüger sieht sofort, dass hier jede Hilfe zu spät kommt.

„Wieder einer von den alten Küstrinern weniger", denkt er sich beim Anblick seines toten Kameraden und streicht sich über die stoppligen, eingefallenen Wangen.

Wortlos stehen die übrigen Männer da.

Doch der Krieg geht unbarmherzig weiter. Er lässt den Männern keine Zeit zum Trauern. Der verwundete Kamerad macht sich allein auf den Weg ins Hinterland zum italienischen Truppenarzt. Der gefallene Kamerad jedoch kann vorerst nur mit einer Zeltbahn bedeckt werden. Seine Bestattung muss vorerst warten.

Nachdem die letzten Meter des Stahldrahthindernisses beseitigt sind, gilt es einen Minengürtel zu überwinden. Ein italienischer Offizier mahnt zur Eile. Ausgepumpt bis zum letzten, arbeiten die Pioniere, um den verbündeten Italienern zeitgerecht den Angriff auf die englischen Stellungen zu ermöglichen.

Letztendlich ist es zwei Uhr nachts.

Der Mond wirft ein mildes Licht auf die unwirtliche Wüstenlandschaft. Nachdem die Gasse durch den Stacheldraht und die Minensperren geschafft ist, können die Italiener sich zum Angriff bereitstellen.

Schon donnert die inzwischen herangekommene italienische Artillerie los.

Nach dem Feuerschlag rennt die italienische Infanterie gegen die britischen Stellungen an und werden von einem starken Feuerhagel empfangen. Trotz des vorangegangenen Artilleriefeuers sind die Verluste der Italiener schon in der ersten halben Stunde enorm hoch. Dennoch gelingt es ihnen, in die feindlichen Linien einzudringen.

Ein erbitterter Nahkampf entbrennt. Maschinenpistolen rattern, Handgranaten krachen und dazwischen knallen die Abschüsse der Gewehre und Karabiner. Schließlich weichen die Briten zurück.

Doch bereits in der nächsten Stunde erobern sie die verlorengegangene Stellung im Gegenangriff zurück.

Im Morgengrauen sind die Italiener und mit ihnen die deutschen Pioniere gezwungen, sich im Vorfeld des englischen Verteidigungssystems einzugraben. Der lockere Sand, der immer wieder nachrutscht, macht das Anlegen von Schützenlöchern zu einem Problem. Es entstehen letztlich nur flache Schützenmulden, die nur geringen Schutz bieten.

Stunde um Stunde verrinnt. Den Strahlen der mörderischen Sonne ausgesetzt, müssen die Männer um Unteroffizier Krüger zusammen mit den italienischen Kameraden in ihren flachen Deckungen ausharren.

Das britische Feuer nagelt sie unaufhörlich an den Boden. Über ihre Köpfe hinweg fegen die Granaten in beide Richtungen. Italienische und britische Artilleristen liefern sich ein unerbittliches, mörderisches Duell.

Um das Maß voll zu machen, rumpelt gegen Mittag von den gegnerischen Sand- und Steinhängen ein feindliches Panzerrudel herunter. Die Stahlfestungen, es sind britische Crusader-Panzer, werden zwar von der italienischen Artillerie unter Feuer genommen, aber der Abwehrerfolg ist Null. Die schnellen, wendigen und relativ gut geschützten Tanks kümmern sich nicht allzu sehr um den Beschuss und umkurven die Sprengtrichter. Sie wirbeln große Staubwolken auf und rasseln einfach weiter. Einige Italiener verlieren die Nerven und laufen zurück. Sie werden nun leichte Beute der 7,92 mm Besa-Bordmaschinengewehre der Crusader.

Die ersten britischen Panzer sind bereits mitten unter den schlecht eingegrabenen Italienern. Diese versuchen den Panzern auszuweichen, um nicht unter die Raupenketten zu geraten. Das gelingt leider nicht allen. Manche werden danach von den MG-Garben der nachfolgenden Panzer niedergemäht.

In der Nähe der deutschen Pioniergruppe bleibt einer der stählernen Riesen stehen und schießt mit seiner Kanone auf die rückwärtige italienische Artillerie. Ein zweiter Kampfwagen folgt dem Beispiel des ersten. Er verhält ebenfalls, um mit seinem 2 Pfünder-Geschütz zu feuern.

„Jetzt oder nie", denkt Unteroffizier Siegfried Krüger.

Er nickt seinem Kameraden Wiermann zu. Beide kriechen mit je einer Tellermine durch den Sand und versuchen sich den feuernden Ungetümen möglichst unauffällig zu nähern.

Die beiden Pioniere haben sich einiges vorgenommen. Panzer im Nahkampf zu knacken, ist keine ungefährliche Sache, doch was ist im Krieg schon ungefährlich.

Wollen die Deutschen ihr Leben und das Leben vieler anderer Kameraden retten, dann bleibt ihnen nichts anderes übrig, als zu versuchen die britischen Tanks mit Minen außer Gefecht zu setzen. Ohnehin haben die Stahlkästen die italienische Angriffsgruppe schon reichlich durcheinander gebracht.

Unteroffizier Krüger hat den ersten feuernden A-13 MK III beinahe erreicht, da wird er von der Besatzung des Kampfwagens erkannt. Schon fahren feindliche MG-Geschosse neben ihm in den Sand. Dass er nicht getroffen wird, hat er wahrscheinlich nur den wallenden Staubschwaden zu verdanken. Diese erschweren den englischen Schützen das Zielen.

Nun jedoch dreht der Kampfpanzer und rollt auf den Unteroffizier zu, um ihn unter den Raupenketten zu zermahlen. Im letzten Augenblick springt Krüger zur Seite. Mag nun passieren, was will – nur nicht unter die Raupen dieses Ungetüms kommen. Mehr aus Verzweiflung als aus Überlegung wirft er die scharfgemachte Mine vor den Bug des A-13. Das Glück ist ihm hold. Mit einem ohrenbetäubenden Krachen detoniert die Tellermine. Eine riesige Staubwolke wirbelt hoch und macht sich breit. Krüger ist nun der Sicht der britischen Panzerbesatzung entzogen und setzt sich schnell ab. Einige in der Nähe liegende Italiener tun es ihm gleich.

Als sich die Staubwolke wieder langsam senkt, liegt der Crusader bewegungsunfähig im Wüstensand. Seine linke Kette ist gerissen und von den Laufrollen gerutscht. Aus dem Inneren des Panzers schießen die Engländer jedoch unaufhörlich weiter. Nun wird der bewegungsunfähige Tank von einigen italienischen Panzerabwehrgeschützen unter Feuer genommen. Ihre kleinkalibrigen Geschosse prallen jedoch wirkungslos von der bis zu 30 Millimeter starken, geneigten Panzerung ab.

Dennoch scheint der Beschuss die Besatzung mürbe gemacht zu haben. Das Turmluk öffnet sich und ein ehemals wohl weißer Stofffetzen wird hin und her geschwenkt.

Die italienische Pak beendet daraufhin den Beschuss und die britische Besatzung klettert aus dem Kampfwagen. Doch kaum sind die Panzersoldaten vollzählig ausgestiegen, da machen sie kehrt und rennen so schnell es ihnen möglich ist, auf die eigenen Linien zu.

Ihre gewagte Aktion gelingt ihnen tatsächlich. Da die restlichen Britenpanzer noch feuern und mitten in der italienischen Kampfgruppe liegen, werden den Panzermännern nur vereinzelte und schlecht gezielte Schüsse nachgeschickt.

Der Pionier Wiermann hat bei seinem Panzer mehr Glück. Es gelingt ihm, sich ungesehen heranzupirschen, den Sprengkörper scharf zu machen und dann die Tellermine zwischen den Turm und die Panzerwanne zu klemmen. Kaum ist er in Sicherheit, da hört er hinter sich eine schallende Explosion. Als er hinter sich blickt, sieht er wie der schwere Turm nun schräg auf der Wanne sitzt, da er aus dem Drehkranz gerutscht ist. Aus dem Drehkranz steigt schwarzer Rauch auf. Von der Besatzung ist nichts zu sehen.

Nach dem Verlust dieser beiden Panzer, ziehen es die anderen A-13 anscheinend vor, ihrerseits das Kampffeld zu verlassen.

Am Abend brechen die Italiener und mit ihnen die deutschen Pioniere unter Unteroffizier Krüger erneut in die britischen Stellungen ein. Graben um Graben, Schützennest um Schützennest werden teils in erbitterten Nahkämpfen erobert.

Stundenlang wogt der Kampf hin und her. Um Mitternacht ist der Gegner endlich auf der ganzen Linie geworfen.

Nun richten die Italiener die eroberten Stellungen ihrerseits zur Verteidigung ein, um auf den kommenden Gegenangriff vorbereitet zu sein.

Danach können sie endlich abwechselnd zur Ruhe übergehen.

Die bitter benötigte Ruhe- und Atempause ist jedoch nicht von langer Dauer. Bereits um vier Uhr morgens greifen die Engländer mit starken Kräften an. Die Italiener und ihre deutschen Kampfgefährten wehren sich verzweifelt. Auf beiden Seiten sind die Verluste sehr groß. Infolge ihrer zahlenmäßigen Überlegenheit gewinnen die Briten jedoch langsam die Oberhand. Schließlich müssen die Italiener nach Westen in die offene Wüste ausweichen.

Ein weiterer Versuch, die an der Kattarasenke angelehnten englischen Stellungen zu nehmen und weiter ins feindliche Hinterland durchzubrechen, wird abgeblasen. Die italienischen Verbände sind zu sehr ausgeblutet.

Auch Unteroffizier Krüger ist beim letzten englischen Gegenangriff verwundet worden. Mit einem Steckschuss in die linke Ferse und einer Reihe Handgranatensplittern in der rechten Hand wird er zum italienischen Truppenverbandsplatz und von dort in ein deutsches Feldlazarett an der Küste gebracht.

Vorerst übernimmt der erst vor kurzem zum Obergefreiten beförderte Gollnick die Führung der Gruppe. Er hatte nach dem Tod des Gefreiten Spielmann die Stellung des stellvertretenden Gruppenführers übernommen.

Nach Einstellung der italienischen Angriffe wird die Gruppe wieder der Stammkompanie zugeführt.

Dort haben die ausgemergelten und vielfach an Amöbenruhr erkrankten Männer endlich Gelegenheit, sich von den Strapazen der letzten Zeit etwas zu erholen – soweit die glühende Sonne dies überhaupt zulässt.

In der Pionierkompanie Urban ist man gerade dabei, sich auf einen größeren Stellungswechsel und den damit verbundenen erneuten Wüstenmarsch vorzubereiten.

Die Kraftfahrzeuge werden aufgetankt, Zelte abgebrochen, Geräte verladen und die Marschverpflegung mitsamt Teerationen ausgegeben.

„Offiziere und Unteroffiziere zum Chef!", ertönt der Ruf durch den Stützpunkt.

Von Mann zu Mann wird der Ruf weitergegeben. Die Unterführer machen sich auf dem Weg.

Minuten später ertönt jedoch ein ganz anderer Schrei.

„Fliiieeegeraalaaarm!"

Drei britische Flugzeuge sind in schnellem Anflug auf die Pionierkompanie. Sie müssen einen weiten Bogen geflogen sein, denn sie kommen direkt aus der Sonne. Diese steht jetzt am späten Nachmittag schon fast im Westen. Erst im letzten Augenblick hatte man die Flugzeuge als feindliche Hurricane Jagdbomber erkannt. Ihre Rolls Royce Merlin-Motoren jaulen auf und die vier 20 Millimeter MK in den Tragflächen brüllen dazu. Zu allem Übel werfen sie auch noch Splitterbomben ab, die nun unter einem entnervenden Pfeifen im steilen Bogen hinunterfallen.

Ohne besonderen Befehl greifen die Pioniere nach ihren Schusswaffen. Ehe sie jedoch zum Schuss kommen, müssen sie volle Deckung nehmen. Sie drücken sich an die Fahrzeuge, kriechen so schnell es nur geht unter die Lastwagen oder springen in die nächsten Schützenlöcher und Schützennester. An ein zusammengefasstes Abwehrfeuer ist nicht zu denken. Nur vereinzelt erklingt Gewehrfeuer.

Indessen zerbersten die von den Feindflugzeugen abgeworfenen Bomben zwischen den Fahrzeugen der Kompanie. Eisensplitter sausen umher. Sie zerfetzen Kotflügel, Reifen und noch nicht verladenes Gerät. Zur gleichen Zeit hacken die Geschosse der Bord-MK in die wenigen VW Kübel, fahren in den Sand und prallen vom Gestein ab. Das alles ist das Werk einer einzigen Minute. Dann haben die englischen Maschinen die Pionierkompanie überflogen und verschwinden in der Weite der Wüstenlandschaft.

Nur das Heulen des kraftvollen Merlin-Motors ist noch eine Weile zu hören.

Langsam legt sich der hoch gewirbelte Staub im Lager. Zögernd kriechen die Landser aus ihren Deckungen hervor. Wenn man von den Materialschäden absieht, scheint alles gut gegangen zu sein.

Doch dem ist nicht so.

Zur Besprechung beim Kompaniechef kommt Oberfeldwebel Heinecken humpelnd und gestützt auf seine Gruppenführer.

„Heinecken! Dass es gerade Sie erwischt hat. Hoffentlich ist es nichts Ernstes?"

„Nein, nein, Herr Oberleutnant. Es ist nur eine Fleischwunde. Ich denke, sie wird bald wieder ausgeheilt sein."

Fragend sieht Urban die Gruppenführer des 1. Zuges an. Diese schütteln jedoch bedenklich die Köpfe. Die Verletzung erscheint ihnen keineswegs so leicht, wie es der Oberfeldwebel darstellt.

Der Sanitätsunteroffizier Blechschmidt schaltet sich ein: „Herr Oberleutnant, Oberfeldwebel Heinecken muss auf jeden Fall zum Arzt. Mit Sicherheit wird Schmutz in die Wunde gekommen sein. Das bedeutet, dass es eine Blutvergiftung oder Wundstarrkrampf geben kann. Er kommt um eine Tetanus-Spritze nicht herum."

„Na, dann los. Blechschmidt, Sie fahren ihn zum Doktor. Der Feldarzt soll entscheiden, ob Heinecken bei der Kompanie bleiben kann oder nicht", bestimmt Oberleutnant Urban.

„Doch nun zur Verlegung. Sobald die gröbsten Schäden betreffend der Fahrbereitschaft behoben sind, erwarte ich Meldung. Wir werden dann unverzüglich abrücken. Dieses Mal geht es nach Marsa Matruh - immer auf der Piste entlang nach Nordosten. Das Bataillon sammelt dort, um anschließend in der Gegend pioniertechnisch eingesetzt zu werden. Das ist vorerst alles! Zum 1. Zug - ob Heinecken nun bleiben kann oder nicht - er fällt vorerst aus. Die Zugführung übernimmt Leutnant Kersten."

Der junge Leutnant, der erst vor wenigen Tagen zur Kompanie versetzt wurde, strahlt über das ganze Gesicht und streckt sich.

„Aber gern, Herr Oberleutnant."

„Was meinst Du, warum wir hier im Raum Marsa Matruh weit hinter der momentanen Front Minen verlegen, Stacheldraht ziehen und Sprengungen vorbereiten müssen?", fragt der vor kurzem zum Gefreiten beförderte Detlef Wiermann seinen Kameraden Weber.

„Nun ja, vielleicht weil der Rommel hier irgendwo sein Hauptquartier hat", antwortet dieser bedächtig.

„Schaut mal, wer da kommt!", ruft in diesem Augenblick ein anderer Pionier, der gerade in der Nähe hantiert.

Die ganze Gruppe blickt auf. Der langsam heranhumpelnde Mann ist Unteroffizier Krüger. Die Pioniere haben ihn noch irgendwo im Lazarett vermutet.

„Ja, Siggi, wo kommst du denn her?", begrüßt der Gefreite Gollnick den zurückkehrenden Kameraden und schüttelt ihm lachend die Hand. „Wir dachten, du hättest Dich längst in Richtung Heimat abgesetzt. Hoffentlich bleibst du jetzt hier."

„Natürlich bleibe ich", strahlt Krüger und muss viele Hände schütteln.

„Während du weg warst, hat es den Heinecke auch erwischt. Er musste, ob er wollte oder nicht, ins Lazarett und wir haben nun einen neuen Zugführer. Leutnant Kersten heißt er. Er ist ein ganz passabler Kerl. Wir kommen gut mit ihm aus."

„Ja, ich habe schon alles in der Schreibstube erfahren und nun will ich mich mal bei Leutnant Kersten melden. Wo ist er denn im Augenblick zu erreichen?"

„Drüben bei der 3. Gruppe", erwidert Gollnick und zeigt in die angegebene Richtung.

Der Unteroffizier nickt.

„Gut, ich gehe jetzt rüber und anschließend zur Kompanie zurück. Mir sind vom Arzt noch einige Tage Schonung verordnet worden. Aber in der nächsten Woche kannst du auf Urlaub gehen, dann übernehme ich die Gruppe wieder."

„Schön wäre es", seufzt der Gefreite Gollnick.

„Unteroffizier Krüger, es tut mir leid, aber Sie müssen Ihre Heimstätte verlassen", meint Leutnant Kersten eines Tages zu Krüger.

„Warum das denn?", fragt der Unteroffizier etwas jovialer als beabsichtigt.

„Unser Ziel ist noch geheim. Sie werden es noch rechtzeitig erfahren. Trommeln Sie Ihre Gruppe zusammen und lassen Sie das Gerät sowie das Gepäck verladen. Um 16 Uhr muss der Zug abmarschbereit vor der Kompaniebefehlsstelle stehen!"

„Jawohl, Herr Leutnant", antwortet Unteroffizier Siegfried Krüger nun dafür umso zackiger.

Leutnant Kersten kann dem Kompaniechef zur festgesetzten Zeit melden, dass sein Zug abmarschbereit ist.

„Danke, Leutnant Kersten. Lassen Sie die Männer links und rechts einschwenken und einen Halbkreis bilden. Ich möchte nicht so laut schreien, denn es könnten ungebetene Gäste in der Nähe sein. Allzu oft haben wir uns schon darüber gewundert, dass der Gegner so gut über unsere geheimsten Absichten und Pläne informiert war und rechtzeitig seine Gegenmaßnahmen traf."

Nachdem die beiden Flügel des Zuges eingeschwenkt sind, geht der Kompaniechef in die Mitte der Formation und hält mit leiser Stimme eine kleine Ansprache.

„Männer, zuerst habe ich die Freude, Euch einige Auszeichnungen und Beförderungen bekanntzugeben."

Nun werden die Beliehenen nach vorne befohlen. Zu den Ausgezeichneten gehört Unteroffizier Krüger, der das Verwundetenabzeichen in Schwarz verliehen bekommt, der Gefreite Gollnick wird zum Obergefreiten befördert und erhält das Allgemeine Sturmabzeichen, ebenso wie der Gefreite Wiermann.

Weiter gibt Kersten bekannt: „Der Zug bekommt mal wieder einen Sonderauftrag und dieses Mal muss sich jeder von Ihnen besonders zusammennehmen. Sie werden in der nächsten Zeit Ihren Dienst unter den Augen Generalfeldmarschall Rommels versehen. Um es kurz zu machen - der 1. Zug wird bis auf weiteres zur Außenbewachung des Rommel Gefechtsstandes südlich von Ed Daba abgestellt. Einzelheiten erfahren Sie an Ort und Stelle von Leutnant Kersten. Machen Sie Ihre Sache gut. Ich möchte keine Klagen hören. - Also, auf ein gesundes Wiedersehen!"

Die Männer unterhalten sich auf der Fahrt ungezwungen.

„Hast du schon gehört, dass an der El-Alamein-Front alles schiefgegangen ist? Man sagt, dass die Engländer seit Mitte August einen neuen Oberbefehlshaber haben. Einen General Montgomery, ein vorsichtig taktierender, aber guter Truppenführer. Die von diesem Montgomery umgruppierte 8. Armee soll nun enorme Reserven haben“, meint der frischgebackene Obergefreite Gollnick zu berichten.

Es ist bereits Nacht, als der Pionierzug Ed Daba, auf halbem Weg zwischen Marsa Matruh und El Alamein gelegen, erreicht. Nun geht es wieder nach Süden ein Stück in die Wüste hinein. Dort liegt Generalfeldmarschall Rommels Gefechtsstand, das Marschziel Leutnant Kerstens und seiner Männer.

Ein Doppelposten hält die Kolonne schließlich an. Der Zugführer muss sich ausweisen. Die Fahrzeuge werden kontrolliert. Erst dann dürfen die Pioniere weiterfahren. Aber schon bald lässt der Leutnant endgültig halten und die Soldaten absitzen.

„So, wir sind an Ort und Stelle. Ich werde mich jetzt beim Kommandanten des Stabsquartiers melden. Ihr wartet hier so lange, bis ich zurück bin. Hoffentlich dauert es nicht zu lange. Mälzer, Sie übernehmen während meiner Abwesenheit das Kommando“, befiehlt Leutnant Kersten seinen Männern.

Allmählich verschwindet Kersten und der ihn begleitende Melder in der mondhellen Nacht. Die Zurückgebliebenen haben nun Gelegenheit, sich etwas umzusehen. Neben verschiedenen Lehmziegelhütten sind in der Nähe mehrere Armeezelte auszumachen. In den Unterkünften klingeln pausenlos die Telefone.

Die Front in Richtung El Alamein verhält sich im Augenblick ruhig. Lediglich weit draußen auf See blitzt es hin und wieder auf. Englische Schiffsgeschütze schießen Störfeuer.

„Na, hoffentlich setzen die nicht mal eine Breitseite hier rein. Da bleibt dann bestimmt kein Auge trocken“, meint der Pionier Weber.

„Herrschaften, mal bitte alle herkommen!“, ist die Stimme von Leutnant Kersten zu vernehmen.

Schnell bilden die Pioniere einen Halbkreis um den Offizier. Es interessiert sie schon, was man mit ihnen vorhat.

„Wir müssen unverzüglich Stellung außerhalb des Lagers beziehen", beginnt Kersten. „Draußen ist alles von unseren Vorgängern ausgebaut. Wir können uns also zur Abwechslung mal ins gemachte Nest setzen. Ist ja auch mal ganz schön. Ein ortskundiger Feldwebel wird uns gleich durch die Stacheldraht- und Minensperren führen. Jetzt nehmen wir nur unsere Infanteriewaffen mit. Die Pak holen wir morgen früh nach. Unsere Fahrzeuge bleiben vorerst hier stehen. Verpflegt werden wir durch die Küche des Stabsquartiers. Das wäre zunächst alles. Holt Eure Sachen. In zehn Minuten treten wir hier gruppenweise an."

Unter Führung des mit dem Gelände vertrauten Feldwebels setzt sich der Pionierzug in Bewegung. Wieder wallt der Staub unter den vielen Stiefeln auf. Leise scheppern die Waffen und das Lederzeug knarrt. Nach knapp 200 Metern versperren Stacheldrahtrollen den weiteren Weg. Spanische Reiter werden an die Seite geräumt, dann geht es durch eine Minengasse weiter. Eindringlich ermahnt der Feldwebel die Soldaten hintereinander zu bleiben und nicht nach rechts oder links zu treten. Gar zu leicht könnte eine Mine dabei hochgehen.

Die gutgemeinten Mahnungen und Ratschläge des Infanteristen lösen auf den Gesichtern der Pioniere, die ja Fachleute auf diesem Gebiet sind, ein heiteres Lächeln aus.

„Die Sperren haben wir jetzt hinter uns, Herr Leutnant", meint der Feldwebel schließlich.

„Bis zu den Stellungen ist es nun nicht mehr weit. Sie liegen zwar in der offenen Wüste, sind aber ganz kofortabel. Schlafgelegenheiten für die Freiwachen sind auch vorhanden."

Nach einer Weile verkündet der führende Feldwebel, dass sie die Stellung nun erreicht hätten.

„Ihr Abschnitt, Herr Leutnant, erstreckt sich etwa 150 Meter nach jeder Seite. Wenn Sie wollen, gehe ich die Anlage noch mit Ihnen ab."

„Danke, nicht nötig. Ich finde mich schon zurecht", entgegnet der Zugführer.

Der Feldwebel grüßt und macht sich eilig auf den Rückweg.

„Gruppenführer mitkommen, wir werden uns die Stellung mal ansehen", befiehlt Leutnant Kersten.

Gefolgt von den Unteroffizieren Krüger und Kleinert sowie dem Obergefreiten Gollnick, der nun die 3. Gruppe führt, begibt sich Kersten, mit der Stabtaschenlampe leuchtend, in den am nächsten liegenden Unterstand.

Blitzschnell verschwinden hier ein paar Ratten, die auf der Suche nach etwas Fressbarem waren. Angewidert bleibt der Leutnant stehen.

Rasch ist die Stellung von den Pionieren übernommen und besetzt. Während die ersten Wachen ihre Posten beziehen, lassen sich die übrigen Landser in den Erdbunkern häuslich nieder.

Die Pioniere gehen in Stellung, die Freiwachen gehen der langersehnten Morgentoilette nach.

Die Bärte verschwinden, doch trotzdem muss mit dem Wasser wie immer gespart werden.

Schließlich kann es ja sein, dass der Oberbefehlshaber ihnen einen Besuch abstatten will.

„Alarm!", erklingt es plötzlich von den Vorposten.

Es wird das Annähern einer Feindgruppe unbekannter Stärke gemeldet.

„Feuer frei!“, ruft Leutnant Kersten, als die Gegner nahe genug heran sind.

Sofort hämmert das leichte Maschinengewehr in Krügers Gruppe los.

Der angreifende Gegner antwortet sogleich. Mehrere Feuerstöße pfeifen dicht über den deutschen Graben. Die Pioniere ziehen die Köpfe ein. Aber sie sind in ihren Feldstellungen immerhin leidlich geschützt, während die Briten über die nahezu deckungslose und zudem verminte Wüste herankommen. Doch die Engländer verstehen offenbar ihr Handwerk. Anscheinend wurden sie für diese Mission sorgfältig ausgewählt und ausgebildet. Wie sich herausstellen sollte, gehören sie der britischen Pioniertruppe an.

Trotz des deutschen Abwehrfeuers bahnen sich die Engländer in der mondhellen Nacht, hin und wieder vom Strahl des kleinen Scheinwerfers gestreift, langsam ihren Weg durch den Minengürtel. Laut krachend geht ab und an ein Sprengkörper hoch. Aber die Briten geben nicht auf. Schließlich haben sie sich auf ungefähr 200 Meter an den deutschen Verteidigungsring herangearbeitet. Hier werden sie nun allerdings so stark eingedeckt, dass sie endgültig liegenbleiben.

Die vom Pionierzug mitgeführte Panzerabwehrkanone schießt und einige in der Nähe stehende Panzer beginnen zu feuern. Maschinengewehre rattern in schneller Kadenz und Karabinerschüsse knallen. Auch die Engländer jagen aus ihren Läufen und Rohren, was nur herausgeht. Aber sie kommen keinen Meter mehr vorwärts. Zudem kriecht auch bereits das neue Tageslicht herauf und hebt den tarnenden Mantel der Finsternis von den britischen Soldaten.

„Die Tommys lassen sich den Versuch, Feldmarschall Rommel zu kassieren, aber ganz schön was kosten“, bemerkt Krüger in einer kurzen Feuerpause zu seinem Zugführer.

„Ja, Rommel ist ihnen sicherlich mehr wert, als eine ganze Armee. Aber das wohl schon zum Scheitern verurteilte nächtliche Kommandounternehmen der Tommys gilt sicher nicht allein der Person des Oberbefehlshabers, sondern auch seinem gesamten Stab. Wenn das Afrikakorps seiner Führungsspitze beraubt wäre, würden natürlich die Engländer während der weiteren Kampfhandlungen leichtes Spiel mit uns haben."

Noch ehe es ganz hell wird, blasen die Briten das Kommandounternehmen ab. Unter Mitnahme ihrer Toten und Verwundeten ziehen sie sich in die Tiefe der Wüste zurück. Als die englischen Abwehrbewegungen erkennbar werden, fällt auf deutscher Seite kein Schuss mehr. In aller Ruhe können die Gegner ihre verletzten Kameraden fortschaffen.

Der Angriff britischer Kommandotruppen auf Generalfeldmarschall Erwin Rommels Gefechtsstand bei Ed Daba ist abgeschlagen. Dennoch ist es nur eine Frage der Zeit, bis die 8. Britische Armee mit ihren sieben motorisierten Infanterie- und drei Panzerdivisionen sowie sieben selbstständigen Panzerregimentern, trotz dieses Misserfolgs zum erwarteten Großangriff antritt.

Am Abend des 23. Oktobers 1942 gegen 23 Uhr tritt die englische 8. Armee unter General Montgomery zur lang erwarteten Gegenoffensive an.

Es kommt zu einem erbitterten Ringen im Hauptkampffeld der El-Alamein-Stellung. Generalfeldmarschall Rommel befindet sich gerade im dringend notwendigen Erholungsurlaub in Deutschland, als er von den Ereignissen in Nordafrika erfährt. Aber schon am 25. Oktober trifft er wieder bei seiner Truppe ein und übernimmt die Führung der schwer kämpfenden deutsch-italienischen Verbände. Feldmarschall Rommels Vertreter, General der Panzertruppe Georg Stumme fiel einen Tag später bei einem Hinterhalt einem Herzinfarkt zum Opfer. Sein Begleiter, der Armeenachrichtenführer Oberst Büchting starb durch Kopfschuss. Die beiden hohen Offiziere befanden sich auf dem Weg zum Gefechtsstand der 90. Leichten Division. Die Lage ist alles andere als positiv.

Am 04. November 1942 können die am Feind stehenden deutschen und italienischen Kampfeinheiten dem übermächtigen Druck nicht mehr standhalten und ziehen sich befehlsgemäß auf die Fuka-Verteidigungsanlage zurück. Nun stehen auch die Pioniere wieder mitten im Kampfgeschehen. Gemeinsam mit den Kameraden anderer Waffengattungen fechten sie hart und erbittert. Aber auch in der Fuka-Stellung gibt es kein längeres Halten. Alle Tapferkeit nützt nichts. Der Gegner ist einfach zu stark. Es geht weiter zurück. Schon am 08. November fällt Marsa Matruh in Feindeshand.

Unteroffizier Krüger, der mit seiner Gruppe ebenfalls in den Strudel des Rückzugs gerissen wird, hat mit seinen Männern rechts neben der italienischen Division Trieste bei Ober-Sollum eine neue feste Stellung bezogen. Hier gibt es sogar solide, fast friedensmäßige Unterkünfte, in denen man sich direkt wohlfühlen kann. Es hat den Anschein, als käme man zumindest vorübergehend wieder etwas zur Ruhe. Auch der Gegner hatte schwere Verluste hinnehmen müssen. Er ist nun gezwungen, mehr auf der Stelle zu treten, um seine Verbände wieder aufzufrischen und den Nachschub heranzuführen.

Jäh werden die geruhsamen Stunden der Pioniere durch gellende Alarmrufe beendet. Wider Erwarten ist der Gegner zum Angriff angetreten.

„Raus!", schreit Gruppenführer Siegfried Krüger.

Alles bleibt liegen und stehen. Die Männer von Krügers Gruppe und die vielen anderen Kämpfer auf der ganzen langen Front bei Sollum stürzen hinaus in die Stellungen, in die Schützengräben, Schützennester und Schützenlöcher, an die Kanonen und Feuerleitgeräte.

Leuchtkugeln zischen zum nächtlichen Himmel hinauf. Maschinengewehre rattern, Gewehre knallen, feindliche Geschütze donnern ihre Granaten heraus. Die vorgeschobenen deutsch-italienischen Feldposten lösen sich hinhaltend vom Feind.

„Der Tommy scheint bei uns gar nicht anzugreifen, Herr Unteroffizier", wundert sich der junge Pionier Weber, der hinter einem leichten MG 34 auf der Lauer liegt.

Er ist einer der wenigen, die noch von Krügers Küstriner Gruppe übriggeblieben sind.

„Hm, ich fürchte, dass die Tommys sich auf die Italiener konzentrieren. Drüben bei der Division Trieste ist ja ein richtig toller Feuerzauber", gibt Krüger besorgt zurück.

Sowohl Weber als auch Krüger haben Recht. Gegen drei Uhr früh geht die Hiobsbotschaft durch die Reihen der Pioniere, dass der Gegner – es soll sich um Neuseeländer handeln – beim linken Nachbarn, eben dieser Division Trieste durchgebrochen ist.

„Wenn der Einbruch nicht abgeriegelt werden kann, müssen wir wohl oder übel weiter zurück", meint Krüger besorgt in einem Gespräch mit Leutnant Kersten.

„Warten wir mal ab. Die Führung wird sich schon was einfallen lassen", meint der junge Offizier achselzuckend.

Doch die Engländer nutzen den Erfolg der Neuseeländer nicht aus. Zum Glück für die deutsch-italienischen Verbände lassen die Briten ihre Kampfverbände nicht in die entstandene Frontlücke hineinströmen. Den Italienern gelingt es, die Frontlücke aus eigener Kraft zu schließen.

Die durchgebrochenen Neuseeländer stiften im Hinterland bei den Trossen Verwirrung und danach versuchen sie, die deutschen Stellungen von hinten anzugreifen.

Den Hauptstoß hat diesmal die Kompanie Urban aufzufangen. Die Neuseeländer sind erfahrene und draufgängerische Wüstenkämpfer.

Nun hat auch die Gruppe Krüger nach Osten zu sichern und nach Westen zu kämpfen. Der erste Ansturm der Neuseeländer bleibt im Abwehrfeuer der Pioniere liegen, doch beim zweiten Sturmlauf wird die Lage der verteidigenden Pioniere bedrohlich. Es gelingt den Angreifern, in die Feldbefestigungen einzudringen. Es kommt zu Nahkämpfen mit Messern, Pistolen, Gewehrkolben, Seitengewehren und Spaten. Ein fürchterliches Ringen Mann gegen Mann ist im Gange. Knochen zersplittern, Metall schneidet in Fleisch. Das Brüllen der Verwundeten und Sterbenden schallt über die Wüste.

Unteroffizier Krüger hat sich mit zwei seiner Männer, den Pionieren Wilde und Becker, in einem Schützennest verschanzt. Plötzlich werden sie von etwa zehn Neuseeländern angegriffen. Schemenhaft erscheinen die gedrungenen Gestalten rings um das Schützenloch. Schüsse fallen. Die Pioniere kämpfen mit dem Mut der Verzweiflung und wollen ihre Haut so teuer wie möglich verkaufen. Schwer getroffen stürzen einige der Angreifer zu Boden. Krüger erhält einen heftigen Hieb mit dem Gewehrkolben des Lee-Enfield-Gewehrs eines Neuseeländers gegen den Kopf. Obwohl ihn der Stahlhelm vor dem Schlimmsten schützt, sackt Krüger stöhnend zusammen. Als er wieder zu sich kommt, scheint der Kampf in seiner unmittelbaren Nähe vorbei zu sein. Die Neuseeländer haben sich wieder zurückgezogen. Da fällt Krügers Blick auf die reglos im Sand liegenden Kameraden. Für Sekunden meint der junge Unteroffizier, dass sein Herz stehenbleibt. Die Pioniere Wilde und Becker sind tot – von feindlichen Kugeln durchsiebt. In stiller Anklage starren ihre leblosen Augen in den aufziehenden Morgen des 10. November 1942.

Noch am gleichen Tag nehmen die Engländer ihre Offensive wieder auf. Die zermürbten Kämpfer des Deutschen Afrikakorps und ihre italienischen Verbündeten werden aus der Luft und auf der Erde ununterbrochen angegriffen. Soweit feindliche Seestreitkräfte in den Kampf eingreifen können, so tun sie es intensiv. Am schwerwiegendsten sind die schweren 38,1 cm Granaten der britischen Schlachtschiffe.

Starke Panzerverbände der Briten stoßen weiter vor. Allerdings säumen zahlreiche brennende Panzerkampfwagen ihre Vormarschstraßen. Tausende von Granaten der britischen Feldartillerie wirbeln den Wüstensand hoch. Der Gegner scheint über unermessliche Munitionsmengen zu verfügen.

Bereits am 11. November zeigen sich gegnerische Spähtrupps bei Mechilli, also weit im Rücken der deutsch-italienischen Kampftruppen. Somit ist es nicht mehr zu verhindern, dass die Truppen Feldmarschall Rommels auf die Marsa-el-Brega-Stellung zurückweichen müssen, wenn sie verhindern wollen, von den Empire-Truppen umgangen zu werden.

Die Gefahr, dass die im Küstenbogen vor Bengasi stehenden deutsch-italienischen Kräfte aus der Wüste heraus von den gegnerischen Streitkräften abgeschnitten und aufgerieben werden, erweist sich als zu groß. Man muss schleunigst raus aus diesem jetzt noch offenen Sack.

Bereits in der Nacht zum 13. November wird Tobruk geräumt und von den Engländern besetzt. Tobruk - die Stadt, welche im Sommer mühsam und unter hohen Opfern erobert worden war.

Am 21. November fällt Bengasi.

„Wenn das so weitergeht, sind wir bald am Arsch“, schimpft der Gefreite Wiermann, während die Pioniere mit dem letzten Tropfen Sprit im Tank der nächsten Auffangstellung zustreben.

Es ist etwas kühler geworden, das Thermometer zeigt nur noch 30 Grad Celsius. Hin und wieder regnet es. Es ist ein Segen für die durch den glühend heißen Sommer ausgedörrten Landser.

Die zahlreichen militärischen Rückschläge bereiten nicht nur den verantwortlichen Oberbefehlshabern Sorge. Sie bedrücken auch den kleinsten Soldaten des Afrikakorps. Trotz aller Tapferkeit geht es dauernd zurück. Der Gegner ist unter der methodischen Führung General Montgomerys an Menschen und Material weit überlegen. Der Nachschub des Gegners kommt in ausreichenden Mengen an, aber den eigenen Verbänden fehlt es an allem Notwendigen, vor allem an Betriebsstoffen.

Als ob dies alles nicht schon schlimm genug wäre, sind die Amerikaner und Briten in Marokko und Algerien gelandet.

So geraten die deutsch-italienischen Truppen langsam, aber sicher zwischen zwei mächtige Mühlsteine.

Während das deutsch-italienische Gros sich auf die Marsa-el-Brega-Stellung absetzt, stehen die Pioniere als letzte Einheit am Feind. Tag und Nacht müssen sie Minen legen, um ein zu schnelles Nachstoßen des Feindes zu verhindern.

Unteroffizier Krüger hat seine Männer in zwei Gruppen eingeteilt. Die eine Hälfte buddelt Löcher auf der Piste, die andere besorgt das Verlegen und das Scharfmachen der T-Minen.

Die 3,7 cm Pak ist schon lange durch Feindeinwirkung verlorengegangen. Die Pioniere haben sich jedoch kurz danach eine 7,5 cm Pak 40 besorgt.

Dieses Geschütz sichert nun die Minen legenden Kameraden. Der Gefreite Lutz Prade, einer der wenigen noch in Krügers Gruppe befindlichen Küstriner ist Geschützführer.

„Na, wie sieht es aus?", fragt der in der Pak-Stellung aufgetauchte Zugführer.

„Nichts Besonderes, Herr Leutnant", meldet Prade. „Der Tommy verhält sich glücklicherweise ruhig. Bleiben wir stehen, verharrt er ebenfalls. Gehen wir weiter zurück, folgt er langsam. Aber er kommt nie dichter als zwei Kilometer heran. Geschossen wird so gut wie gar nicht."

„Uns soll es nur recht sein", erwidert Kersten kurz.

Am 11. Dezember sind Siegfried Krügers Pioniere im Verband der Kompanie dabei, im Vorfeld der Marsa-el-Brega-Stellung die mutmaßlichen Vormarschpisten des Gegners nachhaltig zu zerstören.

Inzwischen sind es keine Geheimnisse mehr, dass die Italiener, soweit sie über keine Kraftfahrzeuge verfügen, auf Geheiß Rommels abgerückt sind.

Es herrscht gutes Flugwetter. Wolkenfetzen hängen über der Wüstenlandschaft. Dazwischen zeigt sich jedoch immer wieder ein Stück blauer Himmel. Es wäre direkt verwunderlich, wenn die Royal Air Force sich nicht rühren würde.

Wenig später hören die Landser auch schon das Brummen mehrerer Bristol Blenheim. Begleitet werden sie von zahlreichen Supermarine Spitfire. Jedoch sind auch einige deutsche Me 109 in der Luft. Während die ersten britischen Bomben auf die deutschen Stellungen fallen, entwickelt sich in der Luft eine wilde Kurbelei zwischen den feindlichen Flugzeugen. Ein Spiel auf Leben und Tod hat begonnen.

„Das Ganze ist der Anfang vom Ende", denkt sich Krüger und schaut aus seinem Deckungsloch in den Himmel.

Inzwischen ist ein Funkbefehl des Bataillons bei der Pionierkompanie eingegangen: „Arbeiten auf der Piste einstellen. Nach Abflauen der Bombenangriffe Rückkehr in die Stellung und Besetzen der Kampfstände."

Es dauert noch Stunden, bis die Männer es wagen können, mit ihren Fahrzeugen einzurücken. Offensichtlich wollen die feindlichen Bomber die deutschen Verteidiger und mit ihnen die Italiener zermürben. Die Luftangriffe dauern bis zum Abend an. Erst bei Dunkelheit lässt der Kompaniechef aufsitzen und zur Stellung zurückkehren. Von nunmehr einsetzendem Störungsfeuer der britischen Artillerie belästigt, tastet sich die Einheit durch die noch offenen Gassen der eigenen Minenfelder und die Einlässe in den Drahthindernissen.

Bereits gegen 10 Uhr haben die Männer wieder ihre Kampfstände besetzt.

Die Pioniere sind kaum in den Stellungen angekommen, da gibt es bereits wieder Alarm.

Die Briten klopfen die Marsa-el-Brega-Stellung ab und holen gleichzeitig zum Umfassungsangriff aus.

In dieser Stunde haben die Männer der Pionierkompanie einen schweren Stand. Zeitweise können sie die Angreifer nur noch mit Handgranaten und Maschinenpistolen abwehren. Sie machen sich schon zum Nahkampf bereit. Buchstäblich in letzter Sekunde kommen einige deutsche Panzer herangewalzt. Die Pioniere springen aus den Deckungslöchern, die für so manchen von ihnen zum Grab geworden sind, und stürmen auf die Engländer los.

Auch die gefürchtete Achtacht fährt auf und feuert in die feindlichen Reihen.

Als auch im Nachbarabschnitt deutsche Infanterie vorgeht, weichen die Briten auf ganzer Linie zurück. Der Gegenstoß wird ein voller Erfolg. Doch bringt er für das Deutsche Afrikakorps nur eine augenblickliche Erleichterung. An der militärischen Gesamtlage in Libyen ändert er nichts.

„Hast du gehört, dass nun auch der Gollnick gefallen ist?“, fragt Wiermann seinen Gruppenführer, als die Männer nach dem Angriff wieder etwas Luft holen können.

Unteroffizier Krüger ist wie vom Donner gerührt. Minutenlang bringt er keinen Ton heraus. Gollnick, sein alter Rekrutenkamerad aus Küstrin, ein Frontkämpfer von Format.

Es folgen einige ruhige Tage, die die Landser auch dringend benötigen.

Am 24. Dezember sorgt der Spieß für eine angenehme Überraschung. Er bringt zur Mittagszeit nicht nur knusprigen Entenbraten und andere lang entbehrte Dinge für den Weihnachtstisch, sondern auch einen richtigen Weihnachtsbaum mit Schmuck und Kerzen.

„Na, wo haben Sie denn die schöne Tanne her?“, fragt der Kompaniechef begeistert.

„Die habe ich hinten bei der Luftwaffe organisiert. Eine Transportmaschine hatte einige Bäume aus Deutschland mitgebracht. Das sprach sich rum, also bin ich da schnell hin.“

Der vor kurzem zum Hauptmann beförderte Urban lacht. Er fragt nicht danach, was die Kompaniemutter für den Weihnachtsbaum geben musste. Ganz umsonst wird er ihn wohl nicht bekommen haben.

Die Weihnachtsfeier am Heiligen Abend findet in zwei großen aneinandergereihten Zelten statt. Es gibt Punsch und Gebäck. Das alles hatte der Spieß besorgt. Hauptmann Urban hält eine Ansprache und lobt den Engländer, dass er das besinnliche Fest nicht stört. Überall an der Front schweigen die Waffen.

Unteroffizier Krüger wird zum zweiten Mal an diesem Tag überrascht, als ihm der Kompaniechef im Rahmen der Feierstunde zum Feldwebel befördert. Daraufhin werden ihm von allen Seiten gute Wünsche entgegengebracht.

Am 18. Januar 1943 muss die Buerat-Stellung geräumt werden. Auch Feldwebel Krüger hat mit seinem Zug den weiteren Rückmarsch anzutreten. Nach einem kurzen Festklammern in Tripolis, wo Krüger mit seinen Pionieren noch Sprengungen im Hafengelände durchzuführen hat, zieht Generalfeldmarschall Erwin Rommel sich mit seinen Verbänden nach Tunesien zurück.

Es geht nun immer mehr dem Ende zu. Schließlich, am 09. Mai 1943 haben sich die Reste von Krügers Zug um die Panzerabwehrkanone geschart. Viele von den alten

Wüstenfüchsen sind nicht mehr da. Auch Wiermann ist in der Zwischenzeit gefallen. Seit geraumer Zeit stehen die Pioniere nun schon den Amerikanern gegenüber. Kampfhandlungen und Ausweichmanöver haben sie bis über Tunis hinaus verschlagen.

Noch gestern hatte Prade mit seiner Pak drei Sherman-Panzer abgeschossen und mit weißer Kreidefarbe drei weitere Ringe an seinem Geschützrohr angebracht. Nun jedoch ist die Munition restlos verbraucht. Rundum steht der Feind.

In dieser ausweglosen Situation erscheint gegen Mittag ein Kradmelder in weißer Jacke. Mit Billigung der Amerikaner fährt er die einzelnen versprengten deutschen Gruppen und Grüppchen ab.

„Befehl vom Bataillonskommandeur! Aufhören! – Schluss machen und in Gefangenschaft begeben!"

Resignation macht sich auf den Gesichtern der meisten Landser breit, aber auch Erleichterung ist bei einigen zu erkennen.

„Alles hergehört!", ruft Feldwebel Siegfried Krüger. „Als erstes wird die Pak gesprengt! Danach werden die übrigen Waffen zerstört und in die Zisterne geworfen!"

Es ist sein letzter Befehl an seine Pioniere.

Ende

Ihre Zufriedenheit ist unser Ziel!

Liebe Leser, liebe Leserinnen,

hat Ihnen unser Buch gefallen? Haben Sie Anmerkungen für uns? Kritik? Bitte zögern Sie nicht, uns zu schreiben. Wir werden jede Nachricht persönlich lesen und beantworten.

Schreiben Sie uns: info@ek2-publishing.com

Wussten Sie schon, dass Sie uns dabei unterstützen können, deutsche Militärliteratur sichtbarer zu machen? Bitte nehmen Sie sich einen Moment Zeit und bewerten Sie dieses Buch online. Viele positive Rezensionen führen dazu, dass das Buch mehr Menschen angezeigt wird.

Sie können somit mit wenigen Minuten Zeitaufwand unserem kleinen Familienunternehmen einen großen Gefallen tun. Vielen Dank für Ihre Unterstützung!

PS: In seltenen Fällen kommt ein Buch beschädigt beim Kunden an. Bitte zögern Sie in diesem Fall nicht, uns zu kontaktieren. Selbstverständlich ersetzen wir Ihnen das Buch kostenlos.

ÜBER DEN NÄCHSTEN BAND

Landser im Weltkrieg – **„Im Kessel von Stalingrad“** erscheint im Monat Juni als E-Book und Taschenbuch überall, wo es Bücher gibt!

Leseprobe

Selbst in den schon gesäuberten Stadtteilen wird immer wieder gekämpft.

Jedes Haus, nahezu jede Straßenecke und jeder Toreingang muss mehrfach erstürmt und genommen werden.

Zumeist im Nahkampf Mann gegen Mann. Zwischen den Kämpfen erscheinen die Sturzkampfbomber und die Artillerie liefert sich gnadenlose Duelle. Bereits zerstörte Häuser und Straßenzüge werden wieder und wieder umgepflügt.

Wenn es jaulend heranfaucht, dann werfen sich die Männer in Deckung und pressen sich in die feuchte Erde. Dann liegen Landser und Rotarmisten in engstem Raum nebeneinander, Kumpel aus dem Ruhrgebiet, Fischer aus dem Memelland, Sibirer und Eismeermatrosen.

Sie halten den Atem an und die Herzen schlagen bis zum Hals.

Kaum ist die Feuerwalze über sie hinweggezogen, da wischen sie sich den Dreck aus dem Gesicht und kämpfen weiter. Viele bleiben liegen, für sie ist der Kampf für immer vorbei.

Keine Neuerscheinung verpassen und gratis E-Book sichern!

Tragen Sie sich in den Newsletter von EK-2 Militär ein, um über aktuelle Angebote und Neuerscheinungen informiert zu werden und an exklusiven Leser-Aktionen teilzunehmen.

Als besonderes Dankeschön erhalten Sie kostenlos das E-Book »Die Weltenkrieg Saga« von Tom Zola. Enthalten sind alle drei Teile der Trilogie.

Link zum Newsletter:
https://ek2-publishing.aweb.page

Über unsere Homepage:
www.ek2-publishing.com

Landser im Weltkrieg

kaufen!

Direkt zur Serie:

Eine Veröffentlichung der EK-2 Publishing GmbH

Friedensstraße 12
47228 Duisburg
Registergericht: Duisburg
Handelsregisternummer: HRB 30321
Geschäftsführerin: Monika Münstermann

E-Mail: info@ek2-publishing.com
Homepage: www.ek2-publishing.com

Alle Rechte vorbehalten

Cover/Umschlag: Kayla Pelgrim
Autor: Hermann Weinhauer
Lektorat: Martina Wehr
Buchsatz: Heiko Piller

1. Auflage

Druckhinweis:
Libri Plureos GmbH
Friedensallee 273
22763 Hamburg

FSC
www.fsc.org
MIX
Papier aus verantwortungsvollen Quellen
Paper from responsible sources
FSC® C105338